Famílias
homoafetivas
A insistência em ser feliz

VENCEDOR DO
PRÊMIO AUTÊNTICA
DE LIVRO-REPORTAGEM
2015

Lícia Loltran

Famílias
homoafetivas
A insistência em ser feliz

autêntica

Copyright © 2016 Lícia Loltran
Copyright © 2016 Autêntica Editora

Todos os direitos reservados pela Autêntica Editora. Nenhuma parte desta publicação poderá ser reproduzida, seja por meios mecânicos, eletrônicos, seja via cópia xerográfica, sem a autorização prévia da Editora.

EDITORA RESPONSÁVEL
Rejane Dias

EDITORA ASSISTENTE
Cecília Martins

PREPARAÇÃO
Nilce Xavier

REVISÃO
Lúcia Assumpção

PROJETO GRÁFICO E CAPA
Diogo Droschi
(sobre imagem de Aleksandar Nakic)

DIAGRAMAÇÃO
Waldênia Alvarenga

Dados Internacionais de Catalogação na Publicação (CIP)
Câmara Brasileira do Livro, SP, Brasil

Loltran, Lícia
  Famílias homoafetivas : a insistência em ser feliz / Lícia Loltran. -- 1. ed. -- Belo Horizonte : Autêntica Editora, 2016.

  "Vencedor do Prêmio Autêntica de Livro-Reportagem 2015"
  ISBN 978-85-8217-858-4

  1. Casais homoafetivos 2. Homossexualidade - Aspectos sociais 3. Homossexuais - Relações familiares 4. Mulheres - Histórias de vida 5. Preconceitos 6. Relações homoafetivas I. Título.

16-02455   CDD-070.44930590664

Índices para catálogo sistemático:
  1. Famílias homoafetivas : Livro-reportagem :
     Jornalismo 070.44930590664

Belo Horizonte
Rua Carlos Turner, 420
Silveira . 31140-520
Belo Horizonte . MG
Tel.: (55 31) 3465-4500

Rio de Janeiro
Rua Debret, 23, sala 401
Centro . 20030-080
Rio de Janeiro . RJ
Tel.: (55 21) 3179 1975

São Paulo
Av. Paulista, 2.073,
Conjunto Nacional, Horsa I
23º andar . Conj. 2301 .
Cerqueira César . 01311-940
São Paulo . SP
Tel.: (55 11) 3034 4468

www.grupoautentica.com.br

7   **Apresentação**

11 **Prefácio** Direito de ser feliz — Marília Serra

13 A nossa história nos forma e transforma

17 **LAURA e MARTA** Uma família cheia de amor

31 **MARIA** Não ouse fazer *isso*!

43 **PATRÍCIA** Uma mulher càsada

65 **LUCRÉCIA e PAULA** Minha mãe e meu negão

75 **MARÍLIA** Somos uma família moderna

83 **CAROLINA e MARIANA** Amo muito tudo isso

95 **JULIANA e PRISCILA** A história das narradoras de história

109 **LIA** Eu também sou a mãe dele

121 **ISABELLE e HELENA** Minhas duas mães

131 **SABRINA** A família que nasceu on-line

137 **BETH e FABI** Quem é o pai de Miguel?

147 **DINHA** Foi por insistência em viver

157 **CRISTINA e SANDRA** Uma conexão com Deus

181 As folhas nas árvores

183 **Agradecimentos**

185 **Informações adicionais**

Apresentação

Porque acreditamos (e apostamos) nos novos talentos brasileiros, realizamos o Prêmio Autêntica de Livro-Reportagem em 2015. Ao longo de 12 meses, estivemos debruçados sobre mais de uma centena de originais produzidos por estudantes e recém-formados em cursos de todas as áreas do conhecimento.

O escolhido foi este que você manuseia e, esperamos, terá o prazer de ler. O que não significa que deixar de publicar os demais tenha sido uma tarefa fácil: foram dois júris, em duas fases, que tiveram o trabalho de limar os "menos bons". Pois, como todo certame, este também precisava de um vencedor.

Com essa jornada, o Grupo Autêntica reafirma sua crença na disseminação do conhecimento em todo o país. Mais que isso, por uma feliz coincidência com o tema do livro premiado, manifestamos o desejo de que todas as pessoas tenham seus plenos direitos reconhecidos, independentemente de orientação sexual, crenças religiosas ou filosóficas, simpatias políticas e ascendências raciais.

O jornalismo – aqui concretizado em um dos seus mais nobres gêneros, o livro-reportagem – é uma das melhores ferramentas com a qual um Estado democrático pode contar na defesa das liberdades individuais e dos profundos e completos exercícios de cidadania.

Edison Veiga
Jornalista e escritor, idealizador e coordenador
do Prêmio Autêntica de Livro-Reportagem

Depoimentos dos jurados da segunda fase

Lícia Loltran está lá em Petrolina, distante um pouco da efervescência de Recife e muito da cosmopolita São Paulo. Mas nada disso a impediu de captar o tema deste livro, atualíssimo. É composto segundo a ótica de uma cidadã, expressa em cada uma das páginas que compõem um momento de busca da felicidade.

Chico Ornellas
Jornalista

Num tempo em que o jornalismo tantas vezes tem cedido à tentação das simplificações grosseiras e reducionistas, o que também explica a crise em que se acha mergulhado, o livro de Lícia Loltran nos chega como lufada de esperança. As belas histórias que ela recolheu e tão bem soube contar são provas de que delicadeza e rigor, longe de se oporem, maravilhosamente se completam, e apontam rumo certo para as novas (e velhas) gerações de jornalistas.

Humberto Werneck
Jornalista e escritor

O livro *Família homoafetivas* é um exemplo de jornalismo solidário, empático e afeto aos sentidos. Esta é a sua missão: construir narrativas que possam dar vozes ao discurso não hegemônico. E Loltran o faz de maneira envolvente, discreta, persistente. Um exemplo de jornalismo como uma ação comunicativa virtuosa, que visa ao endossamento democrático e à afirmação da solidariedade nas relações humanas.

Katia Saisi
Jornalista

Era uma vez duas mamães
que queriam muito um filho
Elas sonhavam com ele todos os dias
E um dia, elas sabiam, ele viria
As mamães procuraram seu neném
Em todas as nuvens
Em todas as estrelas
E em todos os seus sonhos também
E lá encontraram
Primeiro buscaram um doador
Que deu a sementinha que faltava
Depois chamaram um médico
Que ajudou no que precisava
Misturando a sementinha na
barriga de uma das mamães
Com um bocado de amor
Um tanto de carinho
E uma pitada de esperança
Lá estava uma criança
A barriguinha foi crescendo e
o amor das mamães também
Arrumaram quarto
Roupa e brinquedo
Jogaram fora medo e segredo
Tudo pro neném!
Até que um dia
O dia mais bonito de todos os dias
O neném nasceu
Cercado de amor e carinho
Um outro dia ele cresceu
E quando fazia das suas
Essa criança, sempre linda, dizia,
Mães, eu tenho duas!!

Laura Castro
(da peça Aos nossos filhos)

Prefácio
Direito de ser feliz

Ainda embargada pela emoção, escrevo este prefácio após a leitura do trabalho de Lícia Loltran, uma jovem menina do interior de Pernambuco que resolveu viajar pelo Brasil reunindo histórias de mulheres que constituíram famílias com outras mulheres, com o intuito de passar uma mensagem de paz e conciliação. Lícia sonha com um país mais democrático, com leis mais igualitárias, com uma sociedade mais justa, humana, plural.

Esses sonhos também são nossos. Tenho esperança na sociedade ao conhecer pessoas como Lícia, e desesperança quando ouço falar em crimes de ódio, discursos segregadores, argumentos retrógrados. O Judiciário brasileiro nos ampara com decisões de vanguarda, que contrastam com a estagnação e a retórica acovardada de nosso Legislativo. Políticas públicas e programas do Executivo também procuram preencher lacunas legais, embora esbarrem na resistência de alguns segmentos sociais e estejam condicionados à boa vontade de gestores.

O Brasil é um país tão diverso, culturalmente heterogêneo, e, apesar da violência cotidiana que beira à guerra civil e que mata mais pessoas que inúmeros conflitos armados pelo mundo, o temperamento do brasileiro é tido como pacífico, acolhedor, gentil e amigável.

Difícil acreditar que, em nosso país, crimes de motivação homofóbica ainda aconteçam em pleno século XXI. E acontecem pela ausência de leis realistas, que protejam a diversidade e assegurem a cidadania e os direitos civis. Enquanto esse cenário extremista e primitivo existir, não podemos esperar verdadeiro desenvolvimento social. Permaneceremos no subdesenvolvimento, acobertando barbáries.

Lícia apresenta histórias "que formam e transformam"; histórias de encontros, descobertas, alegrias e tristezas de mulheres que romperam com paradigmas de uma sociedade patriarcal e machista. Mulheres fortes e também sensíveis, duras e igualmente ternas, como todo ser humano é em essência, embora seja levado a assumir papéis engessados por modelos do ideário coletivo.

Este livro cumpre a gloriosa missão de desmistificar "bichos-papões", desconstruir imagens criadas por estereótipos e generalizações, e mostrar que essas famílias são compostas de "gente como a gente", pessoas trabalhadoras, que se apaixonam, amam, sofrem, pagam suas contas, riem, choram, zelam por suas famílias, brigam por seus filhos e os educam com o mesmo rigor e o mesmo amor de qualquer formação familiar tradicional.

E não há rompimento ou ameaça à família tradicional, como apregoam os fundamentalistas. As únicas apologias que se fazem aqui são ao respeito, ao amor, à dignidade, à decência, à moral e à dedicação à família, direitos que defendemos como não exclusivos dos heteronormativos. Porque todos têm o direito de ser feliz.

Marília Serra
Jornalista e vice-presidente da Abrafh
(Associação Brasileira de Famílias Homoafetivas)

A nossa história nos forma e transforma

Decidi o tema deste livro no meio do curso de Jornalismo, pouco tempo depois de perceber que não sabia muito sobre as chamadas famílias homoafetivas. Apesar da curiosidade e admiração por essas formações familiares, a temática ainda era, para mim, desconhecida. Percebi, então, que esse mesmo desconhecimento era comum em diversas outras esferas sociais e, muitas vezes, estava atrelado a opiniões de preconceito ou negação.

Com esse tema pairando em meus pensamentos, acompanhei uma reportagem exibida pelo programa *Fantástico* em abril de 2013. Nele, diversas famílias formadas por duas mulheres com filhos contavam um pouco de suas vidas. Naquele momento, foi como se um raio atingisse a minha cabeça e me desse uma certeza: eu contaria as histórias dessas mulheres. Escreveria suas narrativas em forma de romance-reportagem. Aliaria a minha vontade de conhecer mais sobre essas famílias com o desejo de que a visibilidade de suas histórias pudesse contribuir para a mudança do olhar social sobre tal composição familiar.

A princípio, pensei em explicar como se davam as relações das famílias homoafetivas com o resto da sociedade. Como as famílias tradicionais, as escolas, os hospitais, os tribunais e os profissionais se relacionavam com essa formação familiar, se existiam avanços, retrocessos ou preconceitos. Porém, com o decorrer dos meses de pesquisa, concluí que esse foco era necessário, sim, mas que também existia algo a mais a ser contado.

No dia 12 de dezembro de 2013, às 8 horas, eu estava sentada em uma cadeira na Comissão de Direitos Humanos e Legislação Participativa no Senado Federal, em Brasília. Após ouvir a fala de mulheres que formaram família com outras mulheres, percebi que existia despreparo e preconceito por parte de diversas instituições, mas a escolha de contar a história a partir daí, desde quando essas mulheres decidiram formar suas próprias famílias, transgredindo o modelo social heteronormativo a elas imposto, trazia-me uma interrogação: e antes dessa decisão?

A história não começava a ser contada no momento da decisão de formar uma família. Existiam anos e percursos ainda mais desconhecidos nessas trajetórias.

Diante dessas dúvidas e infinidades de norteamentos que poderia dar ao tema, decidi aprofundar as leituras sobre a categorização da mulher e sobre o padrão heteronormativo trazido por autoras como Monique Wittig (1935-2003) e Judith Butler (1956-). As discussões sobre o sentido da palavra "mulher" estar relacionado a uma série de características me permitiram entender as mulheres deste livro com outro olhar.

Trouxe famílias homoafetivas compostas por mulheres, porque, além de serem maioria, segundo o Censo 2010, era necessário refletir sobre os papéis que a sociedade espera da "mulher" e do "homem". Como seria formada uma família sem o "homem da casa" e tudo o que sua figura representa?

Decidi romper com qualquer estigma social antes de começar a escrever, pois só assim poderia dar uma dimensão descarregada de "pré-conceitos" às histórias. Desvencilhei-me de diferenciações ou categorizações sobre a mulher, sobre o homem, sobre a mulher que se relaciona afetivo/sexualmente com outras mulheres, sobre a necessidade da maternidade e dos pensamentos sobre o feminino. Decidi partir do conceito de ser humano, natural e sujeito a diversos tipos de ações e reações no decorrer da vida.

São esses seres humanos que são apresentados neste livro. Seres humanos categorizados como mulheres, mas que, assumindo-se nessa categoria ou não, pertencem a um círculo semelhante, o qual foi negado ou denominado por diversas nomenclaturas até chegar ao que chamamos hoje de família homoafetiva.

A jurista Maria Berenice Dias (1948-), que cunhou o termo homoafetividade, permitiu-me entender, pela leitura de seus textos, o tema nas suas mais variadas esferas e possibilidades. Durante a minha passagem pelo Senado Federal, tive a oportunidade de conhecê-la pessoalmente e escutar uma frase que serviu de plano de fundo para a escolha do título deste livro:

"O Estado até tenta impedir, mas as pessoas insistem em ser felizes."

As experiências de vida distintas, os relacionamentos, a superação de preconceitos, a não superação deles, a aceitação, a maternidade, todos esses temas, mesclados com a experiência pessoal de cada uma dessas mulheres construíram a história e a personalidade de cada uma delas no decorrer de suas vidas. Muitas das mudanças pessoais e temporais que exponho em suas histórias tiveram como ponto de partida o modo como essas experiências foram vivenciadas por cada uma. Como elas transformaram lágrimas em sorrisos, como perseguiram um ou mais amores quando tudo indicava que não deveriam, como estabeleceram verdadeiras brigas internas consigo mesmas em busca de uma adaptação aos moldes sociais, ao que seus corações teimavam em não corresponder.

Em busca desses corações, lágrimas e sorrisos, decidi que falaria com mulheres de diferentes partes do país, dos lugares a que fosse possível chegar, apesar das dificuldades impostas pela distância física. A decisão também foi tomada por meu desejo de mostrar possíveis diferenciações regionais. Para isso, o contato por intermédio das redes sociais foi imprescindível. Lá, pude conhecer previamente a maioria das entrevistadas e estabelecer um primeiro contato.

A escolha dos estados foi realizada em uma comunidade virtual sobre famílias homoafetivas, por meio de uma enquete. Verifiquei onde residia a maior parte das famílias presentes ali e decidi sair em busca daquele universo ao qual tive acesso. Os estados que compõem este livro são Pernambuco, Rio de Janeiro, São Paulo, Minas Gerais e Distrito Federal. No entanto, as 20 mulheres que entrevistei nos 13 perfis são advindas ou residiram em diversas partes do país. Bahia, Espírito Santo, Ceará, Pará, Rio Grande do Norte, Piauí, Paraíba, Mato Grosso do Sul também fazem parte deste livro. Sem falar de algumas passagens delas pelo exterior.

Cada capítulo faz parte de um dia de expectativas, de quando eu saí de casa ou de onde estava hospedada para encontrar essas mulheres, e a maneira como eu passava os dias anteriores imaginando como seria o nosso encontro. A cada porta aberta com um sorriso, a cada surpresa com a minha chegada, a cada gesto de recepção, eu acreditava que seria possível chegar até aqui.

Conversei com mulheres que falavam sobre suas relações com pessoas do mesmo sexo de formas variadas; algumas tranquilas, outras receosas, mas todas elas, sem exceção, abriram ou saíram totalmente de seu "armário particular" por amor à família. Essa decisão foi tomada para que seus filhos e suas filhas não vivessem em um lar que pudesse ser considerado distinto, errado ou escondido. Por mais que elas sofressem quando alguém as chamava por algum termo pejorativo, ou se alguma pessoa insistia em dizer que apenas uma era a "mãe verdadeira", elas eram firmes, muitas vezes engolindo o choro, se reafirmando diante das mais diversas situações.

O intuito é mostrar que a superação pode estar presente diante de cada situação preconceituosa, de cada olhar de repreensão ou comentário ofensivo. Que essas mulheres sirvam de inspiração para um Estado mais democrático, para leis mais igualitárias, que abarquem todas as espécies de família e de união.

Elas mudaram a minha vida. Passei a lutar ainda mais em meu nome, em nome delas, de suas crianças, de todas as famílias homoafetivas e de tudo o que passam ou já passaram. Desistir, para mim, não é mais uma opção. Minha expectativa é que este livro contribua para que a desistência da vida também não seja mais uma alternativa concebida por nenhum homem ou mulher homossexual ou transexual, e para que se consagre a ideia de que não existe um único modelo de entidade familiar: existem famílias em suas mais variadas formações, números e concepções.

É possível escolher e trilhar o caminho mais "difícil", e ser feliz nessa jornada.

LAURA e MARTA
Uma família cheia de amor

Vi Laura Castro e Marta Nóbrega pela primeira vez na televisão, em uma matéria sobre famílias homoafetivas exibida pelo programa *Fantástico*, da Rede Globo, em abril de 2013. Na reportagem, elas apareceram com os três filhos – duas meninas e um menino – e falaram sobre a sua composição familiar. A matéria foi curta, mas elas não saíram da minha cabeça. Comecei a procurar o perfil das duas na rede social, pois tinha anotado seus nomes. Encontrei não só os perfis, mas também uma comunidade virtual da qual elas participavam, composta apenas por famílias homoafetivas ou por quem queria formar família, principalmente com filhos.

Entrei nesse grupo, e foi lá que fiz amizade com grande parte das entrevistadas deste livro. Assim, minha primeira entrevista foi exatamente com a primeira família homoafetiva que conheci, ainda que pela televisão. Apesar de Laura e Marta morarem na cidade do Rio de Janeiro com as crianças, nosso primeiro encontro foi em Brasília, oito meses após eu tê-las visto na TV.

Eu estava na capital para assistir a uma audiência pública sobre novas constituições familiares. Já elas, além de também participarem da audiência, estavam em cartaz na cidade com duas peças.[1]

Tivemos um atraso no dia marcado para a entrevista, pois Laura estava em um compromisso pelo seu espetáculo. Enquanto as esperava, decidi visitar alguns monumentos da cidade e, ao entrar no Museu

---

[1] *Menininha*, de Laura Castro e João Cícero, e *O filho que eu quero ter*, de Laura Castro.

Nacional Honestino Guimarães, famoso por ser uma das belas obras arquitetônicas de Oscar Niemeyer em Brasília, peguei um dos livretos com a programação cultural. Ao folheá-lo, vejo uma foto das minhas futuras entrevistadas em uma de suas peças. Fiquei nervosa porque, além de ser a primeira entrevista, elas eram atrizes e me senti como se fosse conhecer alguém que eu admirava muito, ou algo do tipo.

Nós nos encontramos em um restaurante, desses que ficam no meio daqueles corredores largos dos shoppings. Não tive dificuldade para identificá-las e nem elas a mim. As duas estavam de vestido e sapatilhas. Marta é ruiva e estava com os cabelos presos. Laura é branca, tem os cabelos lisos e pretos, na época um pouco abaixo dos ombros, e estavam soltos.

Após cumprimentá-las com um abraço, sentei-me à mesa com elas. A princípio, eu estava sem graça, mas as duas me deixaram à vontade fazendo perguntas e, ao mesmo tempo, dando explicações para o atraso e a correria. Laura tem a voz mais doce e é a mais falante, já Marta é detalhista e tem a voz grave e rouca. Ela parecia estar meio receosa, mas foi se soltando no decorrer da entrevista.

No dia seguinte, voltamos a nos encontrar, agora na audiência pública. Marta sentou-se ao meu lado, mas Laura fazia parte da mesa e estava junto dos outros participantes, incluindo a advogada Maria Berenice Dias. Terminada a sessão, fomos almoçar juntas, com a maioria dos convidados. Marta não pôde ficar muito, precisou se ausentar porque uma das filhas estava doente. Elas tinham decidido que uma ficaria no almoço enquanto a outra ficaria com as crianças. Marta foi a "escolhida" e Laura continuou conosco.

Antes de terminar o almoço e em meio a discussões sobre as possibilidades sociais e jurídicas dos direitos da família homoafetiva, Laura recitou o poema que inicia este livro. O texto faz parte de uma de suas peças, dedicada aos três filhos.

★★★

Meu terceiro encontro com as mães de Clarissa, de cinco anos, Rosa, de quatro, e José, de dois, aconteceu na casa delas, em Santa Teresa, no Rio de Janeiro. Dessa vez, conheci também as crianças e um pouco da dinâmica da família.

A casa de Laura e Marta fica localizada em um lugar muito alto, do qual se tem uma vista linda de grande parte da cidade. Ao chegar, Laura estava me esperando na varanda com José e Clarissa, que brincavam em uma daquelas minicamas elásticas usadas em academias. Era uma manhã fria de julho, em plena segunda-feira, as crianças ainda estavam de pijamas e meias, Laura usava uma calça jeans folgada, uma blusa escura e um casaco comprido, que chegava quase até o joelho, de listras grossas em dois tons de verde, claro e escuro. Seu cabelo estava mais curto que da última vez. Agora acima dos ombros. Ela sorria para mim, meio sem graça, e falou para a filha e o filho me cumprimentarem. Ela e ele, sem parar de pular, falaram comigo daquele jeito de criança.

O sorriso sem graça de Laura talvez fosse porque a auxiliar doméstica tinha faltado e era uma segunda-feira, dia em que as casas costumam estar mais desordenadas. Ela havia me mandado uma mensagem avisando que estava tudo uma bagunça. E estava mesmo, mas a beleza da casa escondia a maior parte da desordem. A sala, muito grande, é, ao mesmo tempo, sala de estar e jantar e, naquele momento, também sala de brinquedos, a contar pela quantidade deles espalhada por todo o espaço.

Marta estava na cozinha lavando a louça, mais especificamente, as mamadeiras. Ela me recebeu de uma forma esbaforida, porque estava concentrada no que fazia, e me explicou que Laura ficava brava porque ela começava a lavar a louça pelos bicos de mamadeira. E eram tantos! Eu percebi que o pequeno caos era perfeitamente normal para aquele dia da semana, ainda mais sem a auxiliar e com três crianças pequenas. Elas brincavam na sala quando Laura me chamou para conhecer a casa.

José e Clarissa prontamente se animaram a me mostrar todos os cômodos, sobretudo seus quartos. Descemos uma escada larga de madeira até os dormitórios. Primeiro, o das meninas: todo cor-de-rosa e cheio de brinquedos, especialmente bonecas, com duas camas pequenas, ainda desarrumadas. Acima de uma delas, pendia um quadro com uma foto de duas garotinhas vestidas de bailarinas. Perguntei a Laura se uma das crianças era ela, pois parecia uma foto mais antiga. Ela disse que sim.

José falou alguma coisa sobre mostrar seu quarto, mas eu não entendi bem, então sua mãe traduziu. Logo na frente do quarto das meninas, estava o quarto dele. Um pouco menor, mas parecido com o das garotas, com uma cama de solteiro com proteção contra queda e um móvel também cheio de brinquedos. Entre os dois quartos, havia uma parede repleta de fotos das crianças, do teto ao chão. Laura explicou que era uma das invenções dela e de Marta. Do outro lado da parede, tinha um medidor de altura, de acordo com a idade de cada um. Laura e as duas crianças me mostraram o resto da casa, que, por sinal, tinha um aspecto antigo e aconchegante.

★★★

Filhos de uma professora universitária e de um economista, Laura e seus dois irmãos mais novos, Isabel e André, nasceram e cresceram na cidade do Rio de Janeiro. Os pais sempre os incentivaram a ter a mente aberta e os matricularam em colégios considerados mais alternativos.

Aos 13 anos, Laura já namorava. Na verdade, os namoros começaram ainda mais cedo, quando criança, mas era aquela fase de dizer que tinha um "namoradinho". Apesar de sempre namorar meninos, ela teve vontade de namorar sua amiga Juliana quando criança, conforme escreveu em seu diário: "Eu não queria namorar o Zé Carlos, eu queria namorar a Juliana". Essa confissão rendeu a Laura horas trancada no banheiro, porque a mãe tinha lido a frase.

Na adolescência, a separação dos pais e a mudança para os Estados Unidos transformaram a rotina da família. Agora filhos de pais separados, Laura e os irmãos foram morar no exterior com a mãe, que estava fazendo um pós-doutorado. Nessa época, Laura teve a oportunidade de estreitar os laços afetivos com a mãe e os irmãos. O pai, nesse momento, estava reconstruindo a vida no Brasil e eles ficaram um pouco mais distantes. Consequentemente, o pai foi absorvendo mais do universo bancário de seu trabalho, que Laura considerava "careta".

Talvez por influência de sua criação liberal, ela não via nada de errado em um dia vir a namorar uma menina, embora, até então, nunca tivesse acontecido. Aos 18 anos, estava se preparando para o vestibular e decidiu que seria mais proveitoso estudar em um ambiente tranquilo. O local escolhido foi um spa, que ficava fora da cidade do Rio de Janeiro.

★★★

Marta, assim como Laura, era carioca, mas com um ano de idade mudou-se para Brasília porque seu pai, que é engenheiro, teve uma transferência no trabalho, e lá ela passou a infância e a juventude com os pais e as duas irmãs mais velhas, Joana e Irene. Ainda que fosse muito nova na época, Marta conserva a lembrança das inúmeras viagens que fazia na infância. Ela, as irmãs e os pais viajavam muito de carro para o Rio e para a Paraíba, para visitar familiares. A mãe de Marta, que é arquiteta, não gostava muito de Brasília por não ter a família por perto. Isso explicava um pouco o porquê de tantas viagens.

Apesar de tranquilos, os pais das três meninas eram tradicionais. Quando elas eram adolescentes, por exemplo, nem pensar em namorado dormir em casa, e por mais que a mãe demonstrasse estar aberta a conversas sobre os temas da adolescência, acabava havendo pouco diálogo sobre essas questões.

Mas Marta teve seus namorados mesmo assim e o término com um deles, um rapaz chamado Marcos, deixou-a mais abalada. Como suas irmãs já haviam sido diagnosticadas com depressão, a mãe aconselhou a filha a passar uns dias em um spa que ficava em Itaipava, distrito de Petrópolis, no estado do Rio de Janeiro, local em que sua irmã Irene tinha ficado e melhorado bastante. Marta, que, naquela época, havia trancado o curso de artes cênicas na Universidade de Brasília (UnB), decidiu seguir o conselho da mãe.

★★★

E foi nesse spa que Laura e Marta se conheceram, em 1999. Uma estudando para o vestibular, a outra procurando um descanso para os pensamentos. Assim que elas se olharam, foi como se algo diferente tivesse acontecido. Não sabiam explicar nem como e nem o quê, só sabiam que aquele não era só mais um encontro. Elas não conseguiam parar de se olhar.

Entediada com a rotina do spa, durante o dia Marta participava de quase todas as atividades: fazia hidroginástica, caminhada, ginástica, tudo que o lugar tinha para oferecer, enquanto Laura dormia ou estudava para o vestibular. Mas à tarde e à noite, as duas geralmente passavam longas horas conversando. As afinidades foram surgindo em vários aspectos: ambas eram atrizes, tinham gostos em comum e conversavam sobre tudo. Inclusive sobre os ex-namorados. Marta contou a Laura sobre o relacionamento com Marcos e sobre o quanto tinha sido difícil o fim do namoro.

Provavelmente por nunca terem ficado com outras mulheres, Laura e Marta não conseguiam compreender o que estava acontecendo entre elas. No dia de ir embora, o motorista de Laura foi buscá-la e ela ofereceu uma carona à "nova amiga", que estava hospedada na casa de familiares. Elas continuaram se vendo durante a estadia de Marta no Rio de Janeiro; saíram para jantar, foram ao teatro, a exposições e fizeram outros programas na capital. A essa altura, Laura já tinha certeza do que sentia, mas ainda não tinha coragem de se declarar ou de tomar a iniciativa. Já para Marta, até pensar nessa possibilidade estava sendo mais difícil. Mas, no último momento, na noite anterior ao dia em que Marta voltaria para Brasília, Laura criou coragem e falou:

– Você sabe o que eu preciso falar... Não nos encontramos por acaso... Acho que estou apaixonada...

Diferentemente de Laura, que, apesar de nunca ter namorado meninas, acreditava que não era uma coisa impossível de acontecer, Marta nunca tinha pensado nisso. E a expressão no rosto de Marta ao ouvir a declaração de Laura era um misto de susto e desespero. Calada estava, calada ficou. Diante da falta de resposta, a Laura não restava outra alternativa a não ser ficar muito triste com a situação. Até que, logo depois da partida, Marta mandou uma mensagem dizendo, entre outras coisas, que precisavam mesmo conversar. Ao ouvir a mensagem, Laura, animada, ligou para Marta.

Pelo telefone, com a segurança da distância, Marta ouviu o que Laura falava sobre os 15 dias em que se conheciam e o que ela tinha sentido. Dessa vez, Laura não se achou uma maluca que tinha se apaixonado pela amiga, já que Marta confessou que também sentia o mesmo.

Decidida que a relação entre elas não podia ficar assim, Laura pegou um avião para Brasília e foi atrás da mulher pela qual estava apaixonada. Ela ficaria hospedada na casa de sua bisavó, mas Marta a buscaria no aeroporto. No entanto, sem coragem de ir encontrá-la, Marta a deixou esperando por quase duas horas. Até que enfim se encheu de coragem e foi buscá-la. As duas passaram a noite juntas pela primeira vez.

No dia seguinte, combinaram de almoçar. Quando já estava quase na hora de buscar Laura na casa da bisavó, Marta recebeu uma visita inusitada: Marcos, seu ex-namorado. Ao abrir a porta de casa, ela se deparou com ele – e com uma mala –, e o rapaz dizia que tinha acabado de chegar à cidade e que ficaria na casa de uns amigos, mas que antes passou lá para vê-la. Sem saber o que falar ou fazer, e diante do convite de sua mãe para Marcos almoçar com a família, Marta explicou que tinha combinado de encontrar Laura. Ao mesmo tempo em que desejava sair logo dali, Marta também não queria demonstrar que estava dando muita importância ao encontro, pois ainda estava confusa. Já atrasada para o horário que havia marcado com Laura, ela explicou que precisava ir buscar a "amiga", que estava esperando já há algum tempo. Sem a menor cerimônia, Marcos se ofereceu para acompanhá-la e pediu que depois ela o deixasse na casa dos amigos dele.

Laura estava esperando em frente ao prédio de sua bisavó havia quase 40 minutos. Quando Marta chegou, Laura ficou radiante ao vê-la, mas a decepção foi quase imediata e o sorriso foi logo embora ao ver Marcos saindo do carro. Ela olhou para aquele homem alto e loiro, e olhou para si mesma, uma mulher baixinha e morena. Mil coisas passaram por sua cabeça diante de uma pessoa tão oposta a ela, sobretudo fisicamente, e que Laura sabia bem quem era, pelas descrições anteriores de Marta sobre o ex-namorado. Para Laura, estava claro que Marta não queria mais nada com ela.

Os três entraram no carro. Durante o caminho, Marcos fez carinho na nuca de Marta e, no mesmo instante, Laura começou a chorar no banco de trás. Sem entender, Marcos perguntou a Marta o que estava acontecendo, e ela explicou que Laura havia terminado um namoro e estava muito triste, por isso iam almoçar juntas. Ao ouvir aquilo, Laura chorou ainda mais, pois pensava que Marta estava terminando com ela naquele momento.

Sem saber o que pensar ou como agir, e com medo de tudo aquilo, Marta deixou Marcos onde ele ficaria hospedado, e Laura em um ponto de táxi. Com a desculpa de que tinha um trabalho para fazer, Marta marcou de reencontrá-la duas horas depois em um shopping. Naquele momento, Laura não sabia mais nem pegar táxi, nem o que fazia em Brasília.

Com tempo para pensar, Marta refletiu em como tinha sido bom ficar com Laura e avaliou que já conhecia Marcos, já sabia o que não dava certo. Por que não tentar uma relação nova, com outra pessoa? Elas se encontraram no tal shopping e, dessa vez, Marta parecia mais decidida. Ela se desculpou e confessou que Marcos tinha chegado tarde demais, porque ela tinha decidido dar uma chance à história delas.

Elas passaram a semana juntas em Brasília e, com o namoro bem encaminhado, assim que voltou ao Rio de Janeiro, Laura logo começou a se empenhar para que Marta se mudasse para lá. Ela estava terminando um curso de formação de atores na Casa das Artes de Laranjeiras (CAL) e chamou Marta para também fazer esse curso.

Como sua mãe já havia dito que seria interessante ela estudar na CAL, e a escola aceitou a matrícula mesmo com as aulas já iniciadas, Marta foi morar no Rio de Janeiro.

★★★

As duas estavam cada vez mais envolvidas e para Laura era ainda mais difícil esconder o que sentia. Ela acreditava que devia ser verdadeira com os pais e não escondia com quem andava e nem onde estava, apesar de ainda não ter contado que estava apaixonada e que namorava outra uma mulher.

Mas após ser questionada pela mãe sobre a possibilidade de estar com alguém, Laura não teve medo. Pela criação que teve e pelo trabalho da mãe como professora universitária, ela imaginou que a reação dos seus pais, principalmente da mãe, não seria das piores, e resolveu contar o que estava vivendo. Falou que estava namorando, sim, e era com a Marta.

No entanto, a reação dos pais foi totalmente diversa da que ela esperava. A mãe chorou muito e o pai ficou com raiva. O primeiro ano de namoro delas foi muito sofrido, nada era dito abertamente, elas tinham de se encontrar às escondidas e o clima desconfortável sempre pairava sobre a família.

Enquanto isso, na família de Marta as coisas estavam melhores. Ela ainda não tinha contado para os pais, mas suas irmãs já sabiam do namoro. Irene já dizia, desde o começo, que Laura estava interessada na irmã, inclusive brincava de fazer bolão entre os amigos para ver quem sairia do armário primeiro e, quando dois amigos delas se assumiram homossexuais, Irene disse que a irmã seria a próxima. Sem levar a sério, Marta costumava só rir da brincadeira.

Com a situação cada vez mais complicada, a família de Laura decidiu que ela iria morar na França com a mãe. Achando que a namorada nunca mais voltaria, Marta concluiu que seria melhor elas terminarem. Contudo, essa decisão foi temporária, porque, apesar de Marta estar no Brasil e Laura na Europa, elas se falavam quase que diariamente por salas de bate-papo, cartas e, mais raramente, por telefone.

Um dia, combinaram de entrar na sala de bate-papo em determinado horário, mas Marta se atrasou e, quando conseguiu entrar, viu um recado de Laura: "Eu não pude te esperar, porque fui a um show de jazz com... Tobias". Quando leu o nome "Tobias" na mensagem, Marta soube que havia algo diferente, pois Laura nunca tinha falado dele.

Só 24 horas depois ela teve a chance de perguntar à namorada quem era o tal do Tobias. A resposta veio junto aos prantos da confissão de que ela tinha ficado com Tobias, mas que nunca imaginaria que isso fosse ocorrer. E não foi só isso: depois de um mês, Laura já estava morando com Tobias, enquanto Marta sofria no Brasil com o rumo que seu namoro havia tomado.

Ela ficou tão abalada com a situação que chegou a perder cerca de 20 kg e decidiu voltar para Brasília. Mas então Laura voltou da França e telefonou para Marta, pedindo que ela retornasse ao Rio para encontrá-la, pois precisavam conversar. Laura explicou que o relacionamento com Tobias era fruto de um misto de confusão e da tentativa de fazer algo diferente, de não bater sempre de frente com a família, mas agora estava decidida e queria mesmo era ficar com Marta. Em menos de um dia, porém, Tobias também chegou ao Rio de Janeiro. Tinha vindo atrás de Laura.

Como ele não conhecia ninguém além de Laura na cidade, Marta teve que aturar a companhia do "turista". Incomodada com a situação, ela passou a madrugada discutindo pelo telefone com Laura e decidiu que ia para a casa da irmã em São José dos Campos, em São Paulo. Laura insistiu que também queria ir, e Marta acabou cedendo. Tobias, por sua vez, voltou para a França.

Foi uma semana de reconciliação entre as duas. Aproveitaram bastante, até que na volta, por uma fatalidade, elas sofreram um acidente de carro na estrada. Laura quebrou o pé e o braço, não conseguia andar e levou seis meses para se recuperar totalmente. Marta, felizmente, saiu ilesa do acidente. Mas foram meses difíceis para o casal, pois elas tinham acabado de fazer as pazes mas quase não se viam. Parecia uma sina: sempre que tudo começava se ajeitar, surgia algum obstáculo na relação de Laura e Marta.

★★★

Na vida de Laura, todavia, esse acidente serviu para que ela passasse a lidar de forma diferente com a família. Sem bater tanto de frente, encontrava outras formas de se comunicar e, ao mesmo tempo, viver seu amor com Marta. Foi instaurada, a partir de então, uma lei do silêncio: todos sabiam que elas namoravam, mas ninguém falava nada. Mesmo depois de anos, quando Marta já frequentava a casa de Laura, porque elas trabalhavam juntas, ainda não se tocava nesse assunto.

Até que um dia, durante uma discussão com a mãe sobre a política de cotas – um dos temas que a mãe dela estudava –, Laura ouviu a frase que foi o divisor de águas de sua história:

—Você não tem a menor ideia do que é sentir na pele o preconceito e a discriminação.

A não concordância sobre um tema em uma discussão com a mãe fez com que ela fosse acusada de não entender algo que fazia parte da sua rotina diária: preconceito e discriminação. Laura questionou, já chorando, como não podia saber o que era sentir essas duas coisas na pele se namorava há cinco anos e não podia falar sobre isso com ninguém em casa?! Se isso não era preconceito e discriminação, então era o quê? Esse episódio foi tão marcante para ela, que virou uma cena de sua peça *Aos nossos filhos*.[2]

No dia seguinte, a mãe de Laura a acordou e disse que a filha tinha razão. Era, sim, preconceito. Não havia nada de errado em namorar uma mulher. A partir desse dia, o relacionamento entre mãe e filha melhorou e a situação de Laura começou a mudar.

★★★

Em 2006, Laura conseguiu um emprego mais estável e ela e Marta decidiram morar juntas. Nessa época, embora algumas pessoas da família ainda não soubessem, os pais de Marta já tinham aceitado bem o seu relacionamento.

A relação, no entanto, foi oficializada perante todos em 2008, quando, após muita indecisão de Marta e muita insistência de Laura, elas decidiram ter filhos. Embora Marta tivesse medo, as duas queriam ser mães; e o desejo de permanecerem juntas superou o receio. Então, a solução encontrada foi ficarem juntas e terem filhos juntas. Como em 2008 ainda não era permitida no Brasil a união civil nem a união estável entre pessoas do mesmo sexo, Marta e Laura assinaram um contrato particular de parceria civil, que foi posteriormente convertido em união estável. Elas fizeram uma viagem pela Europa e lá trocaram alianças, planejaram a chegada dos filhos e voltaram decididas a formar uma família do jeito que sonharam.

Com o contrato, a casa e a vontade, o casal deu início ao caminho que as levaria, primeiramente, a Rosa, depois a José e, por último, a Clarissa. Ainda em 2008, elas foram pela primeira vez à Vara da Infância verificar o que era necessário para dar entrada no processo de adoção. O plano inicial era de que o primeiro filho fosse adotado, desejo que ambas nutriam muito antes até de se conhecerem. Outro motivo a favor da adoção foi a preocupação a respeito do papel da mãe que não geraria o bebê, já que esta não seria o pai, mas, sim, outra mãe; além disso, elas temiam a reação da família da mãe que não iria gerar a criança, da não aceitação ou distinção por parte dos familiares.

---

[2] Espetáculo *Aos nossos filhos*, de Laura Castro.

No entanto, durante o trâmite longo e demorado do processo adotivo, Marta e Laura conheceram outros casais que tinham recorrido a procedimentos médicos como inseminação artificial (IA)[3] e fertilização *in vitro* (FIV)[4] para engravidar, e decidiram que também tentariam. Então, passaram a investir em dois caminhos: procedimento médico[5] e processo de adoção.

Como ambas tinham vontade de engravidar, as duas fizeram o tratamento. Marta, na segunda tentativa de inseminação, já ficou grávida. O que foi rápido, pois, às vezes, a reprodução assistida exige grandes dosagens de hormônios e Marta não precisou tomar nenhum. Elas optaram por utilizar sêmen de doador anônimo de um banco internacional, que disponibilizava mais informações do que os bancos de sêmen nacionais.

Diferentemente do que Laura estava pensando a princípio, a sua família se envolveu muito com a gravidez de Marta. Foi nessa época que todos da família ampliada das duas passaram a conhecer a composição familiar que elas formavam. Durante o chá de fraldas de Rosa, as famílias confraternizaram e celebraram a chegada da nova bebê.

Desde o início, Laura estabeleceu uma forte conexão com Rosa, ainda dentro da barriga de Marta. Ela cantava, conversava, sentia e até achava que a filha respondia. Laura se preparou durante a gravidez para poder, junto a Marta, amamentar a filha e, assim que Rosa nasceu, a equipe médica já sabia que aquela bebê seria alimentada por suas duas mães.

Quando Rosa estava com cinco meses, elas foram habilitadas, mas resolveram suspender o processo de adoção para reabri-lo depois, pois tentariam ter outro filho por meio da inseminação artificial. A vontade e a dificuldade de Laura em engravidar foram os principais motivos da suspensão. Elas decidiram que era melhor focar no procedimento e depois tentariam adotar outro filho.

---

[3] De acordo com o Conselho Federal de Medicina (CFM), no procedimento da inseminação artificial, o esperma é introduzido nos órgãos reprodutivos da mulher por meio de instrumentos. Em geral, essa opção é tentada antes dos outros métodos.

[4] De acordo com o CFM, no procedimento da fertilização *in vitro*, os óvulos são coletados dos ovários da mulher e fertilizados fora do corpo. Os embriões gerados são então transferidos para o útero através do colo uterino.

[5] O CFM só liberou, oficialmente, os procedimentos de reprodução assistida para casais homossexuais em 2013.

Por mais que o médico tivesse explicado que as chances eram de 15%, elas fizeram quatro tentativas de inseminação em Laura até que decidiram tentar a fertilização *in vitro*, porque as chances aumentavam cerca de 40% com esse procedimento. Mesmo assim, Laura não engravidou após a primeira FIV. A essa altura, ela achava que nunca conseguiria engravidar e que elas deviam considerar a possibilidade de implantar um dos embriões dela, produzidos durante o procedimento, em Marta, quando quisessem ter um segundo filho.

O sonho da gravidez estava ficando distante para Laura, até que, certa manhã, Marta lhe contou que havia uma alteração em seus exames. Inconformada com a dificuldade no processo médico, Marta resolveu, ela mesma, averiguar todos os exames da esposa. Depois de uma análise minuciosa durante a madrugada, ela chegou à conclusão de que um dos índices estava indeterminado. O médico resolveu investigar essas taxas e acabou descobrindo um problema de coagulação em Laura. Ela começou a tomar um medicamento e fez uma nova fertilização. Dessa vez, engravidou de gêmeos, mas um dos bebês parou de se desenvolver na nona semana de gestação.

Faltando pouco mais de um mês para o nascimento de José, Marta e Laura receberam uma ligação da Vara da Infância a respeito de uma menina apta à adoção. Era Clarissa. Inicialmente, o casal não entendeu o porquê do contato, já que o processo estava suspenso, mas a moça ao telefone explicou que a suspensão só durava um ano e que elas deveriam ter renovado. Diante das dúvidas, ambas refletiram sobre o sonho inicial de ter três filhos e que um deles seria pela adoção, então essa era a hora.

Clarissa veio aos poucos. Já tinha quase três anos e o período de adaptação foi difícil. E com Rosa ainda muito pequena e José recém-nascido, as duas mães se desdobravam para dar atenção às três crianças. Foi a partir daí que a vida de Laura e Marta virou um caos. Porém, um caos amado e muito desejado pelo casal.

Após a maternidade, a dupla de atrizes passou a dedicar a maioria dos trabalhos aos filhos, tanto os espetáculos infantis como os que exploram temas relacionados à família homoafetiva e suas implicações. A rotina da família é ativa: as crianças acompanham as mães em quase todas as viagens e os familiares ajudam como podem. Vida e obra vão se misturando no cotidiano de todos eles.

★★★

"Ota mamãe." Foi essa frase que Rosa, ainda bem pequena, utilizou para diferenciar as duas mães quando queria dizer que faltava cantar os parabéns para sua outra mãe durante uma brincadeira em casa. Laura e Marta se emocionaram com essa primeira identificação da filha diante de sua formação familiar.

A família das duas abraçou seus filhos sem distinção, mas, embora tenham vivido diversos episódios de aceitação de seu modelo familiar, elas também tiveram de lidar com algumas situações diferentes, que demonstravam intolerância.

Quando Laura anunciou o namoro com Marta para uma de suas amigas, ela acabou se afastando por não entender o porquê de Laura viver essa espécie de relacionamento homoafetivo. Com o passar do tempo, essa amiga acabou aceitando a relação, e as três passaram a ter uma boa convivência, tanto que formaram uma empresa juntas. Entretanto, quando Marta e Laura anunciaram que pretendiam ter filhos, essa mesma amiga se mostrou contra a decisão e acabou por se afastar novamente, e definitivamente, delas. Laura considera esse episódio uma das poucas demonstrações de preconceito que elas sofreram após a chegada das crianças. Muitas vezes existe a dúvida e as pessoas perguntam quem é a mãe de verdade, mas não passa disso. "Quem é a mãe? São as duas. Mas quem é a mãe de verdade? São as duas."

Na primeira escola que as crianças frequentaram, as mães conversaram com a coordenadora, que se mostrou muito aberta ao tema e tudo pareceu tranquilo. Apesar do receio das esposas, elas ficaram gratamente surpresas ao perceber que ninguém da escola distinguia sua família. Um dia, um funcionário disse que José estava ficando com o cabelo ruivo, e outro funcionário, como se fosse óbvio, disse que ele tinha puxado a mãe Marta. Depois, eles pensaram e riram, pois se lembraram que ele era filho biológico da mãe Laura.

Apesar da convivência com outras famílias homoafetivas amigas de Laura e Marta, em alguns momentos as crianças questionam as mães sobre a ausência de um pai ou do porquê de ele não existir. A explicação costuma ser paciente e lúdica, assim como as explicações às perguntas de Clarissa relativas à adoção.

Quando elas decidiram que iriam ter filhos, essa questão também veio à cabeça de Marta muitas vezes, e foi Laura que acalmou a esposa:
– A criança não vai ter pai. Eu não consigo me imaginar sem pai.
– Você consegue se imaginar sem duas mães?
– Sim.

– Nossos filhos não vão conseguir, porque o mundo deles será com duas mães.

A casa em que elas vivem hoje com os filhos é da família de Laura. Marta, Laura e Rosa se mudaram para lá após a descoberta da gravidez de gêmeos, pois o apartamento em que elas viviam em Laranjeiras seria pequeno para três crianças e duas mães. A casa, bem grande, foi construída pelo pai e pelo avô de Laura durante uma época financeira muito boa da família. Como o imóvel estava subutilizado, pois não abrigava ninguém, eles perguntaram a Laura e a Marta se queriam reformar a casa e se mudar para lá. Elas aceitaram e acharam que seria legal criar os filhos em um lugar tão espaçoso. E, hoje, elas moram na maior residência da família, um dos motivos pelo qual muitas reuniões familiares são realizadas na casa delas.

★★★

Foi nessa casa de Santa Teresa, onde elas vivem hoje, que eu as visitei, conforme relato no início do capítulo. Nesse encontro, Laura e Marta puderam me falar o quão significativo é para elas contar sua história e mostrar sua família. Às vezes, é difícil voltar ao passado, mas elas acreditam na importância de contar a história de superação que viveram, pois creem que a abertura de suas trajetórias pessoais pode ajudar na formação de novas famílias homoafetivas.

Quando Laura começou a fazer análise, em uma das sessões a terapeuta chegou a uma conclusão: de que existia muito amor na família dela, na de Marta e entre elas. E, quando existe amor, vai existir superação. Ela estava certa. Essa é uma história de superação e, principalmente, de amor.

MARIA
Não ouse fazer *isso*!

    Antes mesmo da minha chegada a São Paulo, capital, no início do mês de agosto de 2014, um dos meus primos paulistanos me indicou o Shopping Tatuapé como um local agradável para meu encontro com Maria, de 32 anos. Assim que cheguei à cidade, dirigi-me ao tal shopping para encontrar minha primeira entrevistada em território paulistano. Maria mora na Zona Norte da capital, então marcamos em um local que fosse acessível para nós duas. No dia da entrevista, um domingo à tarde, Maria e eu nos atrasamos. Como eu estava preocupada com a hora, resolvi ligar e avisar que estava a caminho e foi quando ela explicou que tinha pegado o metrô errado e também se atrasaria.

    Quando cheguei à praça de alimentação, procurei Maria e não a encontrei. Liguei de novo para ela, mas, mesmo com as referências que me dava, não conseguia localizá-la de jeito algum. Finalmente, depois de cerca de 30 minutos de procura, entendemos que estávamos em shoppings diferentes. Nas saídas do metrô Tatuapé, existem dois shoppings com o nome parecido, um de cada lado da estação, e cada uma de nós estava em um deles. Como eles ficam bem próximos, atravessei a passarela e fui ao encontro de Maria.

    Nós nos conhecemos em uma comunidade virtual sobre famílias homoafetivas no Facebook, e a foto de perfil era a única referência que eu tinha do rosto dela, por isso estava com receio de não reconhecê-la pessoalmente, mas, como ela havia me dito que iria com a filha, Maria Luiza, de 7 anos, tinha esperança de que seria mais fácil achar uma mulher acompanhada de uma criança. E, de fato, eu as encontrei rapidamente.

    Elas estavam em frente a um estabelecimento de fast-food. Maria vestia uma saia comprida, de malha, até os pés, e uma camiseta regata azul-marinho. Ela é branca e tem cabelos pretos e lisos, na época com um corte moderno, acima dos ombros; seus olhos puxados lhe dão uma aparência asiática, apesar de ela ter me afirmado que não tem nenhuma ascendência oriental. Eu cumprimentei Maria mãe e Maria filha, que, muito sorridente e bem parecida fisicamente com a mãe, ficou animada em me conhecer.

Não sabia muito da história de Maria, mas havíamos combinado que sua esposa também participaria da entrevista. Então, ela tratou logo de me explicar que Edna, de 37 anos, teve de ficar de plantão e pediu desculpas por não poder vir. Decidimos ficar ali mesmo, no fast-food, e começamos a entrevista, enquanto Maria Luiza desenhava na mesa ao lado.

A expressão de Maria ao me ver me deixou curiosa para conhecer a sua biografia; ela me passava um pouco de nervosismo, entusiasmo e, ao mesmo tempo, uma necessidade de partilhar algo. Começamos com calma e, aos poucos, pude entender o porquê dessa minha primeira impressão.

Maria vive com Edna em Vila Nova Cachoeirinha, distrito do município de São Paulo. Ela é secretária, e a esposa, enfermeira. Vivem com os três filhos: Gabriel, de 16 anos; Sabrina, de 14 anos; e Maria Luiza, de 7 anos. Gabriel e Sabrina são filhos biológicos de Edna, de um casamento anterior, e Maria Luiza é filha biológica de Maria, também de uma união antecedente, ambas com homens. Mas se perguntarmos, tanto para Edna quanto para Maria, quantos filhos elas têm, a resposta será a mesma: três!

★★★

Bananeiras é um município paraibano com pouco mais de 20 mil habitantes. E foi nessa cidade que Maria nasceu e passou a infância e a adolescência. Ela é a caçula de nove irmãos e foi criada com a ajuda de todos eles. Isso era difícil para ela, pois sentia sobre si as expectativas dos irmãos e das irmãs, sem falar na dos pais, em especial da mãe, evangélica.

Certa noite, quando a família estava reunida assistindo à novela, Maria, ao observar uma das personagens que usava um vestido vermelho e curto, comentou espontaneamente:

– Como ela tem as pernas bonitas!

A repreensão da mãe veio na forma de um tapa na boca e um alerta:

– Você não ouse vir com isso. É pecado!

Maria tinha apenas 11 anos quando fez o comentário. Mas, a partir dali, aprendeu que devia guardar esses sentimentos para si mesma. E assim o fez. Quando uma das irmãs, que trabalhava em um clube, trouxe para casa uma meia cinta-liga que alguém havia esquecido no local, Maria constatou que realmente sentia atração por mulheres. Ela alisava a meia, fechava os olhos, sentia o cheiro doce de hidratante e imaginava como seria a dona daquela meia, se seria loira, morena, alta, baixa, branca ou negra. Dessa vez, Maria não contou a ninguém o que sentia, mas não conseguia parar de pensar que a mãe a mataria se descobrisse.

Evangélica, a mãe de Maria não permitia que os filhos e as filhas tivessem amizade com pessoas de outras religiões. Maria foi criada frequentando cultos e casas de pastores e de outras pessoas da mesma religião que sua família. No entanto, o pai não frequentava a igreja constantemente e, por manter alguns relacionamentos extraconjugais, não se achava no direito de determinar nem de julgar as escolhas dos filhos.

E foi para o pai que Maria ligou quando fez sexo pela primeira vez. Aos 12 anos, ela se relacionou afetiva e sexualmente com uma colega da igreja e estava com medo do que tinha sentido; achava que podia ser a morte. O pai tranquilizou a filha, explicando que ela teve um orgasmo, mas advertiu que era melhor ela ir devagar e não demonstrar para outras pessoas que estava ficando com uma menina. Maria continuou se relacionando com a mesma garota por cerca de quatro anos, mas sem contar a ninguém.

Assim como seus irmãos, Maria decidiu se mudar para São Paulo quando terminou a escola. Ela acreditava que lá, em uma cidade tão grande, não precisaria esconder sua sexualidade nem camuflar quem era. Maria foi morar com uma das irmãs e teve de refazer o terceiro ano do ensino médio. Na escola em que estudava, conheceu um professor, 20 anos mais velho, que declarou estar apaixonado por ela e a convidou para morar com ele. Ela aceitou, já que morar com a irmã estava sendo quase como morar com a mãe, e ela tinha ido a São Paulo justamente em busca de uma vida com mais liberdade.

Foi a primeira vez que Maria se relacionou sexualmente com um homem, e ela até acreditou que poderia gostar, que existia a possibilidade de sua atração por mulheres ser apenas porque estava mais acostumada com elas. Mas não foi o que aconteceu. Com o passar do tempo, o próprio namorado percebeu a preferência afetivo/sexual de Maria e disse que um dia ela viveria com outra mulher. Ele não se incomodou com a descoberta e até permitiu que ela namorasse uma garota enquanto estava morando com ele.

Até que a própria Maria se cansou de viver de aparências e decidiu que não ia mais ocultar quem era. Ela não saiu alardeando sua identidade afetivo/sexual, mas também não fazia questão de esconder. Ficava subentendido. Nessa época, Maria já trabalhava e tinha condições de se manter, e então alugou uma casa bem pequena, com apenas um quarto e um banheiro, e foi morar sozinha.

Nessa época, Maria começou a frequentar baladas constantemente. Todo o dinheiro que ganhava ia para as festas. Foi uma fase muito animada, mas, embora tivesse mais liberdade, quando chegava em casa sentia-se solitária.

Mesmo na fase baladeira, ela não perdeu contato com os familiares e, em uma visita à casa da irmã, conheceu Edna. Maria estava lavando a louça quando Edna entrou, vestindo uma saia cigana e uma camiseta regata. Assim que a viu, Maria sentiu o coração acelerar e, na primeira oportunidade, perguntou à irmã quem era aquela mulher. A resposta foi que Edna era casada e que Maria não devia destruir o casamento de ninguém. Maria ouviu o conselho da irmã, mas não conseguia tirar a mulher da saia cigana da cabeça.

E nem Edna conseguia parar de pensar em Maria. Na época, ela era umbandista e tinha sonhos repetidos com uma mulher de cabelos longos e pretos, mas que sempre estava de costas. Ela era casada com um homem, e lutava contra esse sonho e principalmente contra o interesse por mulheres. Por isso, quando viu Maria de costas, com cabelos pretos e compridos, como no sonho, sentiu o chão se abrir sob seus pés. Não tinha como fugir.

A partir de então, elas passaram a se falar constantemente, trocar cartas, cartões e presentes. Mas em momento algum Maria ou Edna se declaravam. Maria começou a ficar até tarde na casa da irmã para ajudar nos trabalhos da faculdade que ela fazia em dupla com Edna. Às vezes chegava bem cedo, para tomar café da manhã, porque sabia que Edna estaria por lá. Elas passavam horas conversando, mesmo quando a irmã de Maria não estava. E foi em uma dessas conversas que Maria contou que era lésbica e que tinha uma namorada. Edna disse que não tinha nada contra e que estava "tudo bem". Maria, por outro lado, por mais que tentasse, não achava "tudo bem" em Edna ser casada e não conseguia entender por que ela insistia naquele relacionamento. Outra coisa que intrigava Maria era o jeito como Edna se vestia, usando as roupas do marido ou com um estilo mais masculinizado. A explicação era que aquelas roupas eram mais confortáveis.

★★★

Certa vez, uma das colegas de faculdade de Edna a questionou sobre como deveria agir quando gostasse de alguém. Edna comentou que, se fosse ela, diria diretamente à pessoa. No dia seguinte, essa mesma colega, seguindo o conselho, tentou ficar com Edna no intervalo das aulas. A reação dela foi bater na "candidata". E não foi só uma porrada.

Quando Maria soube do episódio, percebeu que deveria seguir sua vida, continuar tendo suas namoradas, pois não podia parar tudo por uma pessoa, que, além de não lidar bem com o tema homossexualidade, era casada. No entanto, não conseguia se afastar; pelo contrário, aproveitou o fim de um namoro para ter Edna ainda mais perto de si. Maria ligava para ela e dizia que estava triste e sofrendo com o fim do relacionamento, mas, na verdade, a intenção era que Edna ficasse cada vez mais próxima, ao "consolá-la".

Numa noite, quando Edna aguardava uma carona para ir à faculdade, Maria disse que precisava fazer uma pergunta e disparou: "Você ama seu marido?". Mas antes que Edna conseguisse responder, a carona dela chegou e Maria ficou sem saber.

Por volta de meia-noite, Edna ligou para Maria e disse que estava em frente à casa dela. Maria teve medo de levar um murro na cara, como a outra menina, mas foi falar com Edna mesmo assim. Edna explicou que não conseguiu fazer a prova na faculdade, que havia assinado só o nome, pois não parava de pensar na pergunta. Naquela noite, Edna pressionou Maria para que ela dissesse o que sentia. Depois de muita insistência, Maria finalmente confessou que a amava e que estava inconformada, porque iria perder uma amiga. Edna ouviu o que queria e foi embora, novamente sem dizer nada.

A resposta de Edna veio por carta e, então, elas declararam o amor que sentiam uma pela outra e se tornaram amantes. Elas se abraçavam, se beijavam, mas não faziam sexo. Edna pediu que Maria esperasse até que ela estivesse pronta. Maria concordou. A espera durou quatro anos.

Na época, Edna ainda estava casada e já tinha um filho e uma filha. Maria via a família dela como a de um comercial de margarina, com papai, mamãe, filhos e até cachorro. Ela se entristecia ao vê-los passeando, todos juntos, na rua, pois lhe doía demais ver a mulher que amava com outra pessoa. Pensava que ela deveria estar ali ao lado de Edna, mas, ao mesmo tempo, sentia-se culpada ao se ver como a "destruidora" daquela família.

A timidez e a confusão de pensamentos estavam deixando Maria depressiva e ela não conseguia ter uma conversa mais franca com Edna, até que, em uma das cartas que elas trocavam, Edna disse que o namoro deveria terminar, pois elas nunca poderiam formar uma família com filhos e, por isso, ela não conseguiria fazer Maria feliz.

Nessa mesma fase, Maria procurou auxílio de um psiquiatra, pois estava com síndrome do pânico. O médico era amigo de Edna e, quando ouviu de Maria que ela estava apaixonada por sua amiga, a reação dele deixou-a ainda mais confusa. Ele explicou que ela não podia se apaixonar por uma pessoa casada, não podia destruir uma família. Juntamente ao "parecer" médico, a irmã de Maria, na mesma época, contou-lhe que Edna tinha falado mal dela no trabalho. Maria se lembrava da carta, do que o psiquiatra tinha dito, do que a irmã falou e não conseguia mais raciocinar sobre o que era verdade ou mentira no meio de tudo aquilo.

Cheia de dúvidas, com raiva e muito triste com as palavras de Edna na carta, Maria decidiu que aceitaria o término do relacionamento e montaria sua própria "família de margarina". A intenção dela era concorrer com Edna. Era se vingar de alguma forma. Elas se separaram e Maria parou de falar com Edna, ignorando-a completamente. Se a visse na rua, nem olhava. Foram quatro meses sem se falar.

Decidida a formar uma família tradicional, isto é, heterossexual, Maria começou a se relacionar com um homem que conheceu no ônibus e, após ter feito sexo com ele apenas uma vez, engravidou. Ela entrou em pânico quando descobriu; chegou a fazer 11 testes de gravidez para se convencer de que estava mesmo gerando uma criança.

Maria não tinha ideia de como sustentaria uma criança, mas, principalmente, não tinha ideia de como Edna iria reagir. Ela não pensou no pai da criança, na família nem em ninguém além de Edna.

Dias depois, Edna encontrou Maria na padaria e viu que ela estava com o rosto muito abatido; preocupada, ela a abordou e perguntou o que estava acontecendo. Maria começou a chorar e contou que estava grávida. Foi então que Edna revelou que tinha se divorciado do marido e disse que já criava duas crianças e que mais uma não seria problema.

Edna propôs que Maria não contasse ao pai da criança sobre a gravidez e que elas a criassem juntas. Entretanto, Maria acreditava que não era justo sua filha crescer sem saber quem era o pai e também negar a uma pessoa o direito de exercer a paternidade. Além disso, sua família estava muito feliz com a gestação e foi a época em que Maria mais se aproximou da mãe.

Quando sua mãe descobriu que a filha esperava um bebê, chegou à conclusão de que ela e o pai da criança deveriam se casar. O rapaz gostou da ideia e pediu Maria em casamento. Embora ela tenha explicado que não existia motivo para isso, afinal eles não se amavam, ele argumentou que precisavam criar a filha juntos. Diante de todas as propostas, Maria estava dividida e não sabia o que fazer, até que um dia, ao chegar em casa depois de mais um dia de trabalho, viu que tudo o que tinha havia sumido. O pai de sua filha tinha levado todas as suas coisas para a casa dele. Em vez de parecer invasivo, esse gesto soou a Maria como uma garantia de segurança, uma esperança de formar uma família de acordo com o modelo que todos esperavam dela. Mesmo assim, ela deixou claro que amava Edna, mas que não falaria mais com ela e se dedicaria ao casamento.

No dia da cerimônia, toda vestida de branco, Maria tentava se convencer de que só poderia fazer isso se fosse com um homem. Se ficasse com Edna, nunca poderia casar de branco e, muito menos, ter filhos. A irmã de Maria até chegou a pedir a Edna que não fosse ao casamento, pois temia que Maria não se casasse se a visse. De fato, um dia antes Edna tentou demover Maria de sua decisão, mas ela pensou na expectativa de seus familiares e não desistiu. No momento em que entrava na igreja, no entanto, a expressão no rosto de Maria era de infelicidade. Após o matrimônio, Edna encontrou Maria chorando e a ajudou a tirar o vestido. Enquanto Maria chorava, Edna lhe perguntava o porquê de ter feito isso.

Pouco tempo depois do casamento, Maria já não aguentava mais viver uma "vida heterossexual", da qual não se sentia parte; o marido também percebeu que não daria certo e propôs que eles alugassem um apartamento, pois estavam na casa dos pais dele, e que começassem a preparar as pessoas para uma separação. Ele também disse que, nesse meio tempo, Maria poderia ficar com Edna, caso desejasse. Ele foi se afastando até que se separaram de vez.

Quando Maria estava grávida de seis meses, já separada, ela e Edna fizeram sexo pela primeira vez, após quatro anos de espera. Até hoje Edna se questiona como puderam esperar tanto tempo.

★★★

Maria Luiza nasceu com duas mães. Edna, que é enfermeira, deu a primeira vacina na menina e também a acompanhou em todos os procedimentos médicos. Logo após o nascimento da bebê, Edna e os filhos faziam visitas constantes à casa de Maria. Elas foram se reaproximando e começando a formar uma família. Para Maria, sua filha chegou para reunir todos.

Mas o caminho foi a passos lentos. Inicialmente, Maria era apenas a "amiga da mamãe" para Sabrina e Gabriel, filhos biológicos de Edna. Mas com a morte de sua mãe, Edna não via mais por que esconder sua relação com Maria, já que seu único medo era de que a mãe não aprovasse. Além disso, como a casa da mãe tinha ficado vazia e era maior do que a casa em que ela e as crianças moravam, o irmão de Edna sugeriu que ela fosse morar lá com Maria e os filhos delas.

Com a perspectiva de mudança para uma casa maior, onde todos viveriam juntos, elas viram que era chegado o momento de contar sobre o relacionamento às crianças. Sentaram com Sabrina e Gabriel e tentaram explicar, timidamente, o que Maria realmente era da mãe deles. Antes de Edna começar a falar, Sabrina, na época com 8 anos, questionou por que elas não diziam logo que eram namoradas.

As crianças anunciaram que sempre souberam da verdade, mas esperavam o momento em que elas decidiriam contar. Maria ficou perplexa com a compreensão de Sabrina e de Gabriel e, como já nutria um forte sentimento por eles, deixou de lado o medo de ser rejeitada pelas crianças. A partir daquele dia, o menino e a menina passaram a se referir a Maria de forma diferente. Agora ela não era mais a "amiga da mamãe": era a "mulher da mamãe", como eles passaram a apresentá-la. Maria Luiza passou a ser a irmã deles.

Quando já estava mais velha e começou a namorar, Sabrina apresentou Maria, sem o menor constrangimento, como esposa de sua mãe para a sogra e o sogro. Maria ainda tem receio de falar, logo de cara, sobre sua identidade afetivo/sexual, mas os filhos acham tudo muito natural.

O pai de Maria se relaciona muito bem com Edna, mas a mãe ainda acredita que o que elas vivem é errado. Contudo, não se mete na vida do casal e considera os três filhos delas como netos. Uma das pessoas que mais apoiou a composição familiar das duas foi o ex-sogro de Edna, que agia, às vezes, até como conselheiro do relacionamento delas. Maria tem medo de que os filhos sejam discriminados e, não raro, prefere não expor sua formação familiar, mas essa postura vem mudando aos poucos.

★★★

Dias antes da festa de Dia das Mães da escola de Maria Luiza, a coordenadora pediu para conversar com Maria. Ela explicou que tinha visto umas fotos no Facebook e que queria entender, já que, às vezes, Maria apresentava Edna na escola como sua irmã, mesmo elas não se parecendo em nada. Para Maria, foi muito difícil ter essa conversa com a escola, mas não tinha por que fugir do assunto. Durante a festa de Dia das Mães, elas subiram ao palco juntas para receber a homenagem de Maria Luiza. A menina ficou muito contente e mostrou sua família para todos os amigos e as amigas.

Apesar de considerar ter duas mães, Maria Luiza costuma chamar Edna de "titia". Ela oscila, a depender da situação: quando quer pedir algo, ou em algum de seus desenhos, costuma chamá-la também de mamãe; já quando está brava, sempre a chama de "titia".

Às vezes, Maria Luiza recita um trecho de um conhecido poema:
– Sou pequenininha do tamanho de um botão, carrego papai no bolso e mamãe no coração...

Depois de recitar, ela corrige e diz que, na verdade, carrega outra pessoa no bolso. É a "titia".

★★★

Em 2013, quando Sabrina sofreu um acidente de bicicleta e ficou em coma, Maria e Edna passaram por uma das situações mais difíceis de suas vidas. Acostumadas a lidar e a conviver com equipes hospitalares, por Edna ser enfermeira, elas não imaginavam que enfrentariam uma situação de preconceito tão grotesca em um hospital.

Primeiro, após a chegada de Sabrina à emergência, elas foram interrogadas sobre quem era a mãe da criança. Embora tenham dito que eram as duas, os atendentes insistiram para saber quem era a "mãe de verdade", então Edna disse que era a mãe biológica, e não fizeram mais perguntas naquele momento. Mas quando foram preencher a ficha dos acompanhantes que dormiriam no hospital, e ambas se cadastraram como mãe, elas foram questionadas sobre onde estava o pai daquela menina. Elas falaram que não tinha pai e que eram duas mães, e uma das enfermeiras, ao ouvir a conversa, achou que Maria fosse a mãe biológica de Sabrina e a alertou:
– Sabe por que sua filha está aqui? Por causa do seu pecado.

Maria olhou atônita para a mulher, que continuou falando:
– Sua filha está aqui porque você é uma pecadora, porque você mora com uma mulher e está criando seus filhos de forma errada. Daqui a pouco será o outro, se Deus não tirar essa daí antes.

As palavras da enfermeira lhe acertaram como uma paulada na cabeça. Ela já estava tão fragilizada com o que estava acontecendo, que não conseguia imaginar como um ser humano podia pensar e proferir tais palavras em um momento como aquele. Até hoje Maria se emociona ao se lembrar do que a enfermeira falou.

Elas estavam em uma rotina corrida e sofrida, em que uma ficava com a filha durante o dia e a outra, durante a noite. Quando Sabrina saiu da Unidade de Terapia Intensiva (UTI) e pôde receber visitas, Maria Luiza foi a primeira a se candidatar. Até então, elas nunca tinham se separado e nos dias em que a irmã esteve internada, a menina chorava pedindo para ir vê-la e para que ela voltasse logo. Porém, a equipe do hospital, mais uma vez, constrangeu Maria e Edna ao dizer que não existia a possibilidade de Maria Luiza ser irmã de Sabrina, pois tinham os sobrenomes diferentes. Mesmo assim, a menina conseguiu visitar a irmã.

Durante esse período, Edna começou a frequentar uma igreja evangélica em busca de conforto e da recuperação da filha. Isso gerou uma crise no relacionamento, pois Maria acreditava que a esposa estava se deixando levar por influências dentro dessa igreja, as quais afirmavam que ser homossexual era pecado. Como Maria ameaçou que iria embora e levaria Maria Luiza, Edna pensou na família, que não podia ficar longe da filha mais nova e de como Sabrina e Gabriel sentiriam falta de Maria, e optou por sua formação familiar em vez de escolher a religião protestante.

★★★

No trabalho, Maria não costuma dizer que tem uma esposa, pelo menos, não de cara. No atual emprego, ela esperou quase seis meses para assumir sua relação homoafetiva. Só depois que os amigos foram em comemorações na sua casa e ficaram mais íntimos que ela conseguiu abrir sua vida para alguns. A psicóloga de Maria lhe explica que toda vez que ela tem de falar sobre sua formação familiar, é como se a voz de sua mãe soasse em sua cabeça: "Não ouse fazer isso!".

Entretanto, os avanços vêm aos poucos nessa família. O plano atual de Edna e Maria é casar no civil. O bufê da festa e os outros detalhes já estão acertados; o que ainda adia o sonho das duas é a dificuldade de o pedido de casamento ser aceito pela justiça. Já que ambas foram divorciadas legalmente havia pouco tempo, o pedido de casamento não foi aceito de imediato, o que, provavelmente, não ocorreria se fosse um casamento heterossexual.

Às vezes, Maria tem medo de pegar na mão da esposa na rua, quando vão a algum local público. Apesar de Edna insistir que está tudo bem, ainda é difícil para ela não pensar que alguém pode agredi-las moral e fisicamente.

★★★

Durante a entrevista, Maria Luiza me contou que amava muito sua família, que tinha um irmão e uma irmã e também um namoradinho, chamado Leonardo. Além disso, ela fez esse desenho em meu bloco de anotações.

PATRÍCIA
Uma mulher casada

O ponto de encontro foi na Casa do Advogado, que fica na rua do Resende, bairro da Lapa, no Rio de Janeiro. O prédio tinha uma estrutura envelhecida e ostentava uma placa pequena na parte superior, que trazia o nome do local, destinado a ser um ponto de apoio para advogados, com estrutura física e equipamentos de apoio. A aparência física e externa do imóvel contrastava com o interior moderno e organizado.

Patrícia tem 43 anos, é casada, católica, advogada, coordenadora do Grupo de Apoio à Adoção Famílias Contemporâneas e mãe de Letícia e Vitória. Antes de entrar no prédio, eu a observava através de uma janela grande de vidro. Podia reconhecê-la, pois já tinha visto fotografias dela, posto que nosso primeiro contato foi por meio de uma comunidade virtual sobre famílias homoafetivas. Além da própria Patrícia, já tinha visto na rede social fotos de toda a sua família, recortes imagéticos que aguçaram a minha curiosidade para saber onde ela nasceu, como tinha se tornado quem é hoje, como sua família foi formada e como vivia.

Aproximei-me nervosamente, já que os ponteiros do relógio marcavam mais de 12 horas e o combinado tinha sido às 11 horas. O motivo do atraso, no entanto, não era minha culpa, foi justificado por ela, que estava envolvida em uma audiência. Patrícia falava ao celular quando entrei na Casa do Advogado. Ela vestia uma blusa comprida de cor azul vibrante, calça social, sapato de salto baixo e um sobretudo cinza, que lhe conferiam um ar de elegância. Seu cabelo, cacheado, estava preso. A pele negra, o corpo avantajado, os óculos e o jeito como ela falava ao celular lhe davam uma aparência robusta.

Enquanto eu procurava um lugar para ficar esperando a ligação terminar para então cumprimentá-la, vi que Patrícia falava rapidamente, como se quisesse terminar logo o telefonema. O segurança, na entrada do prédio, logo me reconheceu, pois eu já tinha ido lá mais cedo, quando ela ainda estava em audiência. Não ficamos muito tempo ali. Quando Patrícia desligou o telefone, ela me cumprimentou e perguntou:

– Você tá com fome? Tem besteira para comida?

Como já passava da hora do almoço, eu estava com fome agradeci mentalmente a sugestão.

Fomos a um boteco que ficava na esquina da mesma rua do Resende e logo vi que Patrícia costumava almoçar por ali. Ela pediu o de sempre – espaguete e carne ao molho – e eu acompanhei, pois não conhecia nada na cidade e não ia me arriscar com algum pedido diferente. O local estava bem movimentado, pegamos uma mesa ao lado de uma parede lateral de azulejo branco e conseguimos conversar tranquilamente durante o almoço, já que Patrícia não só se expressava muito bem, como também foi muito simpática e acolhedora.

Depois de conversarmos sobre a família de Patrícia e sobre o que eu fazia na cidade do Rio de Janeiro, voltamos para a Casa do Advogado. Fazia frio nesse dia e o local escolhido por ela para nossa entrevista era uma área tranquila ao ar livre. O celular de Patrícia não parava de tocar; cada vez que ela o atendia, eu observava suas mãos, especificamente as unhas compridas e pintadas de um azul que combinavam com a blusa com detalhes em estampa de zebra. O anel de rubi denunciava sua formatura no curso de Direito.

✱✱✱

Em uma casa modesta no bairro de Realengo, Zona Oeste da cidade do Rio de Janeiro, viviam Zaira, seu marido, Miranda, e os filhos, Patrícia e Ninho. Comerciante, Miranda cuidava do sustento da casa. Logo antes de sair para as compras no Ceasa, o chamado era sempre o mesmo: Macaca!

Era assim que o pai de Patrícia, filha primogênita, a chamava quando saíam juntos para trabalhar. Mas o apelido "carinhoso" só podia ser pronunciado por ele; ai de quem ousasse chamar sua filha pela mesma expressão. Patrícia dirigia o carro, enquanto o pai comprava o necessário para suas vendas. Ninho não os acompanhava, porque, na época, estava mais interessado em conquistar as garotas. Então, sobrava para Patrícia cumprir essa função. Ela não reclamava, já que, além de gostar de auxiliar o pai, era a única forma de fazer uma das coisas que mais lhe dava satisfação: dirigir.

Miranda tinha um xodó explícito pela filha, que, mesmo não sendo de sangue, sempre foi sua companheira inseparável durante toda a vida. Quando Zaira, a mãe biológica, e Miranda discutiam, era comum Patrícia e o irmão interferirem nas brigas para defender o pai e dizer que, em caso de separação, eles iriam morar com ele. Zaira, nervosa, gritava aos quatro ventos que isso não era possível porque eles não eram filhos biológicos dele. Para Patrícia e Ninho, no entanto, não havia diferença no pai deles; era um pai companheiro e amoroso. Era pai, no sentido real da palavra.

Miranda realmente não era pai biológico dos irmãos; eles eram filhos do casamento anterior de Zaira, desfeito quando o pai biológico foi embora, rompendo os laços afetivos com os filhos e sumindo no mundo. Miranda assumiu a família quando as crianças ainda eram pequenas e, de coração aberto, criou os filhos de Zaira como se fossem seus. Patrícia guarda na sua casa inúmeras fotos do pai de coração, já falecido, que mostra para as duas filhas quando fala das peripécias e conta as histórias do avô, relembrando os anos em que ele e ela estiveram juntos. Miranda faleceu em 1991, deixando os filhos mais velhos, que já eram adultos, e Diego, o filho caçula.

★★★

Carioca da gema, aos 16 anos, Patrícia trabalhava com o pai, estudava e tinha muitas dúvidas. "Falta de amor materno!", foi essa a explicação que a jovem ouviu ao confidenciar para a melhor amiga, que, quando saía na rua, não prestava atenção nos meninos, mas sim nas meninas. Patrícia, que era mais distante da mãe, apesar de se darem bem, por ora, aceitou aquela justificativa e pensou que a grande proximidade com o pai gerasse esses efeitos.

Naquela mesma época, ela tinha um namorado e já existiam até rumores de que eles ficariam noivos, mas as fantasias com meninas eram mais fortes do que as com o namorado. Às vezes, Patrícia estava com ele, mas sua cabeça estava longe, geralmente na personagem Elizabeth do filme *9 ½ semanas de amor*. Todas as figuras femininas eram atraentes para Patrícia. Não só Elizabeth, mas também Emmeline, de *A lagoa azul*, Malu Mader em *Anos dourados* e a cantora Simone arrancavam suspiros da jovem, que, muito confusa, tentava atribuir tudo isso à justificativa dada pela amiga.

Com o tempo, a explicação sobre falta de amor materno não era mais suficiente, pois o interesse por meninas só aumentava. Já no segundo grau, Patrícia fazia parte do "grupo das 10", dez amigas que andavam e faziam tudo juntas na escola. Dentro do ciclo de amizade, existia um subgrupo de quatro meninas, composto por Patrícia, Amanda, Sinara e Rita. Elas não sabiam o quê, mas as quatro tinham algo em comum que as deixava mais ligadas do que com as outras seis. Em uma noite, dentro do carro estacionado em uma dessas pracinhas onde jovens das mais variadas idades se reúnem, Patrícia e suas três amigas mais próximas bebiam vinho e jogavam conversa fora.

– Eu estou apaixonada pela Sinara.

A declaração entusiasmada veio de Amanda e caiu como uma bomba entre as amigas. O carro, que estava cheio de gargalhadas e goles de vinho, caiu no mais absoluto silêncio por um instante. As quatro amigas se entreolharam e perguntaram, quase ao mesmo tempo, de qual Sinara ela estava falando. Sem nenhuma timidez, Amanda respondeu que se tratava da amiga, que estava naquele carro. Todas riram sem parar, inclusive Sinara, soltando altas gargalhadas enquanto seu rosto ficava muito vermelho. Depois do acesso coletivo de riso, Patrícia contou para as amigas que achava isso legal e que também já tinha se interessado por meninas antes. Diante daquela declaração pessoal, as outras garotas se sentiram à vontade e cada uma foi se abrindo e contando segredos que se relacionavam: todas elas sentiam algo diferente por mulheres e não por homens.

– Como será que é beijar uma menina?

A dúvida surgiu ainda naquela conversa dentro do carro e uma delas comentou que se beijassem uma garota saberiam a resposta para aquela pergunta. Rita, entusiasmada, falou que tinha uma prima que morava com outra mulher e que a família nem falava mais com ela. Patrícia sugeriu que todas conhecessem a prima de Rita, para que, talvez, ela pudesse esclarecer um pouco as coisas. A partir desse momento, a cumplicidade entre as quatro amigas se tornou ainda maior. Elas tinham um assunto único, conversado apenas entre elas. Só elas sabiam desses sentimentos. A confissão coletiva gerou uma união nunca antes conhecida por essas garotas. Pelo menos, no começo.

Passado o entusiasmo, eis que começou uma teia de sentimentos que acabou desgastando a amizade e criando rivalidades que perduraram por anos. Amanda se interessou por Sinara, Rita por Amanda, e Patrícia por Sinara. O subgrupo de quatro amigas acabou quando Amanda se envolveu com Sinara e com Rita. Patrícia não chegou a se relacionar com nenhuma das amigas, mas não fala com duas delas até hoje. O que era para unir o subgrupo acabou o separando. Patrícia só manteve a amizade com Rita. E um dos motivos foi a primeira paixão de Patrícia:

a prima de quem Rita falara na conversa no carro, a que vivia com outra mulher e que todas se empolgaram para conhecer.

O ano 1991 começou difícil para Patrícia. A morte de Miranda, seu pai e maior companheiro, acabou com suas forças e sua empolgação. Ainda no mesmo ano, ela sofreu um acidente de carro quando voltava de uma festa com algumas amigas e, além do susto e dos machucados, teve de lidar com mais um episódio traumatizante. Assim, foi sem vontade de ir a comemorações que Patrícia aceitou o convite da amiga Rita para o casamento da irmã dela.

No dia da cerimônia, Patrícia sentou-se em uma mesa do salão de festas junto da amiga, que estava usando muletas como consequência do acidente, e ficaram ali observando os convidados. Entre os diversos convidados presentes no salão, um em especial chamou a atenção de Patrícia, que logo mostrou à amiga o "menino" pelo qual tinha acabado de se apaixonar. Como nas histórias românticas, naquele dia aconteceu o amor à primeira vista, sentimento que deu forças para Patrícia lutar pelo que realmente queria.

Rita se divertiu um pouco com o encantamento repentino da amiga, antes de lhe contar que não se tratava de um menino, mas sim de sua prima, Raiane. Atordoada com a informação, Patrícia respondeu que se tratava de um lindo rapaz e que a amiga estava debochando dela, afinal ela via os aspectos físicos de uma pessoa do sexo masculino. Rita explicou que aquela era a sua prima de que havia falado anteriormente, que morava com outra mulher. Aquela informação chegou à cabeça de Patrícia junto da própria Raiane, que não estava mais do outro lado do salão, e sim na sua frente. Agora ela conseguia ver claramente que se tratava mesmo de uma garota.

Patrícia é do tipo de pessoa que, se coloca um objetivo na cabeça, não tira até conseguir. E foi assim que ela conquistou Raiane, seu primeiro e destrutivo amor. A bela moça negra, na flor da idade, tentou conquistar a pretendente logo de cara. Raiane não queria saber e disse que ela estava brincando com fogo.

– Eu gosto de me queimar!

Foi assim que Patrícia respondeu à rejeição de Raiane e talvez a negativa tenha sido o que lhe impulsionou a migrar para outras paixões, conforme aconteceu com a mineira Maria.

Assim como Raiane, Maria não quis saber de se envolver com Patrícia. Ela tinha acabado de chegar de Minas Gerais e não queria se meter em um relacionamento homossexual, que, para ela, tinha difícil aceitação social. Patrícia foi mais atirada com Maria, mas a tentativa de abordá-la em um banheiro não deu certo. Insistente, ela decidiu focar apenas em uma garota.

Com um plano já traçado na cabeça, Patrícia pediu que Rita levasse a prima Raiane até sua casa para fazer o jogo da verdade. Convicta de que conquistaria aquela moça, Patrícia insistiu com Raiane até conseguir um convite para a quadra da Escola de Samba Mocidade Independente de Padre Miguel. O amor de Patrícia pela Mocidade vinha desde criança. Sambar era uma das suas especialidades, e foi na quadra da escola que, com todos os atributos da idade e muito samba no pé, Patrícia arrancou o maior beijão de Raiane. O beijo foi tão intenso que Patrícia sentiu a mão do segurança nas suas costas quando ele anunciou que as duas estavam sendo convidadas a se retirar do local. Patrícia e Raiane foram expulsas por causa do primeiro beijo.

Daquele dia em diante, começou o relacionamento entre Patrícia e Raiane, que, com o tempo, transformou-se em namoro. Patrícia sentia a necessidade de dividir com a mãe o que estava acontecendo, mas os amigos lhe aconselharam que era melhor esperar, ainda mais por se tratar do primeiro namoro dela, já que muitas pessoas, na época, estavam sendo expulsas de casa por se relacionarem com uma pessoa do mesmo sexo, a exemplo da própria Raiane. Mas Patrícia não quis saber dos conselhos, pois era inaceitável, na cabeça dela, viver na mentira.

A experiência da namorada e dos amigos não intimidou Patrícia. Ela traçou um plano e o executou. Foi ao banco e retirou todas as suas economias da conta. Arrumou duas mochilas grandes com tudo o que precisava e determinou o destino: São Paulo. O porquê de ter escolhido São Paulo ela não sabe, mas o plano era esse. Ela seria expulsa, mas sairia com suas coisas e, principalmente, com sua dignidade.

Chegada a hora, Zaira entrou no quarto e se deparou com a filha cabisbaixa e com as malas arrumadas.

– Você vai viajar?

– Não. Quer dizer, depende.

A partir daí, Patrícia já não conseguia explicar mais nada para a mãe. As palavras saíam da sua boca em forma de soluços e as lágrimas escorriam sem parar, enquanto a mãe, já desesperada, perguntava tudo o que lhe vinha à mente, em busca de alguma explicação.

– Você está doente?

– Não. É pior!

– Você está grávida?

– Não. É pior!

—Você fez um aborto?
— Não. É pior!

Patrícia já não sabia se ria ou chorava daquele diálogo confuso e, entre risos e soluços, contou para a mãe que gostava de meninas, que era com elas que se sentia bem. Zaira quis entender como era aquilo e esboçou uma reação insatisfeita do gênero "não te criei para isso". Logo depois, no entanto, um longo abraço entre mãe e filha deixou as coisas bem claras e acertadas. A mãe de Patrícia disse que jamais a jogaria na rua e que ela era a sua filha, independentemente do que escolhesse.

Depois da confissão, Zaira encheu a filha de perguntas sobre seu "comportamento". Questionou se ela passaria a usar roupas masculinas, se todos os vizinhos iam saber, se ela contaria para todo mundo... Patrícia, ainda se recuperando, explicou que gostava de se vestir da forma dita feminina e que não tinha como saber dos vizinhos, mas que não esconderia. A mãe, que conhecia muito bem a filha, sabia das suas principais características: sinceridade e autenticidade. Seria impossível esconder.

Apesar da aceitação da mãe, ninguém mais da família aprovou seu namoro com Raiane. E, dentro de casa, o clima era difícil: o irmão de Patrícia não gostou nada do namoro da irmã e até ameaçou bater nela.

Para ficarem mais à vontade, Patrícia, a namorada e algumas amigas se encontravam em guetos específicos. Na época, esses grupos eram chamados de "semelhantes" e reuniam diversos homossexuais em bairros cariocas como Madureira, Cinelândia, Nova Iguaçu, Nilópolis e uma parte da Zona Sul. Os lugares eram escuros e, geralmente, sujos, com alta concentração de bebidas e drogas.

Mesmo diante de todas as dificuldades, infidelidades, mentiras, desrespeito e sonhos românticos, Patrícia e Raiane namoraram durante quatro anos. Após o término, Patrícia viu seus sonhos se estilhaçarem e sua vontade de ser feliz seriamente comprometida. Na ocasião, ela já estava na faculdade, estudando Direito; seu grande sonho era ser advogada. Todavia, ela entrou numa fase de autodestruição que quase acabou com o seu sonho.

Festas, bares, bebida e pegação se tornaram a rotina de Patrícia. Ela chegou até a namorar duas pessoas ao mesmo tempo, um menino e uma menina, ambos com dia e horário para irem à sua casa. O relacionamento duplo e os subsequentes não deram certo; Patrícia não conseguia mais se apegar a um namoro. Ela só queria levantar o próprio ego, que tinha ficado rente ao chão na relação de quatro anos com Raiane.

Em meio a tudo isso, Maria vinha demonstrando interesse por Patrícia já há algum tempo, embora Patrícia não demonstrasse mais nenhum interesse amoroso por ela nessa fase em que se encontrava. Maria tinha vindo de Minas Gerais para ajudar a irmã que acabava de ter uma filha, que era afilhada de Patrícia. Elas moravam na mesma rua, as famílias se conheciam e se davam bem. Anos atrás, como já foi comentado, Patrícia tinha tentado namorar Maria, mas a mineira não estava pronta para viver um relacionamento homoafetivo. Agora, era a vez de Patrícia dizer não, pois não queria entristecer uma pessoa que não merecia o desprezo com que ela estava tratando seus namorados e suas namoradas. Nesse momento, Patrícia não conseguia pensar em romances ou em ter alguma coisa séria com ninguém.

Maria, que já era conhecida da família, teve uma conversa franca com Zaira e confessou que amava a filha dela e que sua maior vontade era fazê-la feliz, por isso ficava muito triste ao ver a fase desregrada vivida por Patrícia. Entusiasmada com a possibilidade de ganhar uma "genra", como ela mesmo falava, de quem gostava, Zaira resolveu ajudar. Com o auxílio de uma amiga, convenceu a filha a ir a uma festa na casa de Maria. Meio desconfiada, Patrícia não aceitou logo de cara, e a mãe, em parceria com a amiga, ficou insistindo até ela aceitar. Foram as três.

Ao chegar à festa, Patrícia percebeu que era uma espécie de armadilha para aproximá-la de Maria e, como não estava interessada, procurou qualquer coisa para se distrair e não prestar atenção na armação romântica. A distração encontrada foi um *mini-game*, aqueles joguinhos eletrônicos portáteis com botões amarelos e inúmeras fases de Tetris. Com o *mini-game* à mão, Patrícia se enfiou debaixo da mesa e começou a jogar, emburrada, como se fosse uma criança de 10 anos que não quer falar com ninguém. Assim que Patrícia se enfiou debaixo da mesa, a festa parou quase imediatamente. Maria foi atrás dela e disse que precisavam conversar, mas que ali não era o lugar para isso. Patrícia continuou jogando e mandou a "pretendente" falar ali mesmo.

Maria se calou e notou que o ambiente estava silencioso demais para uma festa. Ela perguntou se Patrícia tinha reparado em como estava tudo muito quieto. Nesse momento, Patrícia teve certeza da armação da mãe e de Maria e ficou ainda mais brava. Dona Zaira tinha expulsado todo mundo da festa para que as duas ficassem sozinhas e pudessem conversar. Maria explicou novamente que precisava falar com Patrícia a sós e que, apesar do silêncio ali, ela sabia que todos estavam olhando pela janela. Ao saírem de debaixo da mesa, constataram que todos os convidados realmente estavam espiando.

Patrícia finalmente aceitou e as duas foram para um hotel que ficava próximo à rua delas. Meio desconfiada, ela quis saber o porquê de um hotel e Maria a tranquilizou dizendo que ela não devia pensar nada demais, era apenas um lugar em que ninguém as incomodaria. Nesse dia, pela primeira vez, Patrícia se sentiu completamente nua na frente de outra pessoa, e nem precisou tirar nenhuma peça de roupa. Maria lhe fez uma pergunta ao mesmo tempo muito simples e complexa: o que ela precisava para ser feliz. Patrícia conseguiu expor todos os seus sentimentos para Maria, que fez o mesmo. Falaram de medos, expectativas, frustrações e sonhos. Falaram tanto que acabaram adormecendo na cama daquele hotel. Foram quase 24 horas de diálogo sem parar. Ao acordar, tomaram café da manhã e Maria fez um pedido muito sincero a Patrícia:

– Me permite fazer você feliz? Eu prometo que vou fazer de você a pessoa mais feliz do mundo.

Diante da proposta de felicidade, Patrícia ficou tentada a aceitar. Afinal, Maria tinha sido a primeira pessoa com quem ela conseguiu se abrir de forma tão completa. Mas só conversa não era o suficiente. Então, Patrícia foi honesta e falou para Maria que não a amava e que isso era necessário para aceitar a sua proposta. Maria, calma como sempre, característica de sua personalidade, explicou que ela amava Patrícia e que ia ensiná-la a lhe amar também. Tentada a aceitar um relacionamento mais tranquilo, com uma pessoa sossegada e que já a conhecia, assim como sua família, Patrícia ainda precisava de mais uma certeza.

– E quanto ao sexo? Se não chegar junto, não rola.

Maria ficou sem graça, pois não esperava uma frase assim logo de cara, mas não voltou atrás. Patrícia e Maria tiveram sua primeira noite de amor, que, na realidade, foi durante o dia.

O último empecilho era a menina que Patrícia estava namorando. Como a garota estava viajando, Maria deu uma semana para Patrícia terminar com ela, o que não seria complicado, uma vez que ela não gostava mesmo da namorada.

Ao voltar para casa, Patrícia ficou achando que tinha ido rápido demais e que Maria nunca mais ia querer olhar na cara dela. Estava pensando que tinha sido muito fácil e que as mulheres não gostam disso. No final da tarde, para a sua surpresa, Maria bateu na porta da sua casa e disse que tinha ido vê-la. Foi nesse momento que Patrícia percebeu que nada daquilo era brincadeira. A entrada de Maria na família de Patrícia trouxe um novo rumo e um clima revigorado para as coisas. Todos já gostavam dela e ficaram felizes em ver Patrícia sair da situação errante na qual se encontrava.

Com um ano de namoro, Maria achou que era a hora de apresentar Patrícia para sua família em Minas. Como era a única filha solteira de nove irmãos e irmãs, a família de Maria ainda nutria esperanças de que ela casaria com um vizinho com quem tinha namorado na adolescência. Patrícia estava aflita com essa expectativa colocada em cima de sua namorada, mas também com o fato de ser negra e todos serem brancos na família de Maria. Além disso, os parentes dela eram de uma família tradicional do interior de Minas Gerais, de um lugar chamado Angaturama, distrito do município de Recreio, e isso a deixava ainda mais nervosa.

As duas foram para a cidade, e Patrícia conheceu toda a família de Maria. Ela foi apresentada como amiga e ninguém questionou nada, sem surpresas nem cochichos. E mais: quando foram dormir, na casa da irmã de Maria, uma cama de casal havia sido preparada para elas. Sempre que iam a Minas, uma cama de casal esperava as duas.

Pouco tempo depois, agora que ambas já conheciam a família uma da outra, Maria decidiu que queria casar com Patrícia e propôs que elas fossem morar juntas. Naquela época, morar junto era o mais próximo de um casamento, já que não podiam oficializar civilmente nem assinar um contrato de união estável, como já é permitido hoje. No início, Zaira foi contra, pois a filha nem tinha terminado a faculdade ainda e o casal não teria como se sustentar, então a sogra fez uma contraproposta a Maria: que ela se mudasse para sua casa. Assim, o quarto de Patrícia foi transformado em um quarto de casal e elas passaram a morar juntas na casa de Zaira.

A casa era espaçosa, mas o jovem casal precisava ter um lugar só delas. Assim, um ano depois, com Patrícia já formada no curso de Direito, elas se mudaram para sua primeira casa. Uma quitinete alugada, "a primeira casa de princesa". Era assim que Patrícia e Maria viam sua nova residência. No entanto, a irmã de Maria a alertou que Patrícia não ficaria confortável em um lugar tão pequeno, pois estava acostumada com mais espaço.

Patrícia tranquilizou a cunhada e explicou que morar com Maria era um sonho realizado e que, por ela, podia ser até debaixo de qualquer ponte. Eram uma família! Depois de alguns anos morando na quitinete apertada, elas se mudaram para uma casa no bairro Campo Grande, depois decidiram ir para um apartamento até que tivessem condições de construir a casa própria. Tudo estava planejado quando Dona Zaira, mais uma vez, resolveu fazer um apelo. A casa dela tinha uma laje; era um bairro em que todos já as conheciam. Seria melhor construir a casa no andar superior, pois a família toda ficaria por perto. Patrícia e Maria concordaram e construíram a casa em que vivem até hoje.

★★★

A vida ia bem. Casa própria, emprego, família por perto. Faltava alguma coisa? Para Patrícia, sim. Sempre sonhara em ter uma família com pai, mãe e filha. Agora, com mãe, mãe e filha. Ela sonhava em ter apenas uma menina, mas sua companheira não partilhava do mesmo sonho. Maria achava que um filho tiraria a privacidade delas, que não tinha nascido para isso e outros argumentos de quem nunca pensou em estar nesse papel. Patrícia insistia a cada dia. Chegou até a pensar em engravidar fora do casamento, mas a parte de fazer sexo com um homem e de correr o risco de perder sua esposa estavam fora de cogitação. Após 14 anos de insistência, o sonho estava ficando cada vez mais longe.

Em um final de tarde, ao chegar em casa depois de um dia cheio de trabalho, Patrícia sentou na varanda e, com o olhar vazio, permaneceu estática. Maria, ao observar a cena, achou estranho. A esposa, que sempre chegava efusiva contando os detalhes do seu dia, estava melancólica. Maria se aproximou devagar e perguntou o que estava acontecendo. Sem se importar muito com a pergunta, Patrícia respondeu que se sentia incompleta e infeliz e, se morresse, saberia que morreu triste. Assustada com tanta tristeza, Maria perguntou o que a fazia tão infeliz.

– Meu sonho é ser mãe e você sabe disso.

Para Patrícia, o sonho da maternidade não podia mais esperar e isso a deixava angustiada e incompleta, pois amava Maria e não queria perdê-la, mas, ao mesmo tempo, precisava ter um filho. Patrícia se levantou e saiu da varanda e, nesse momento, Maria se lembrou da promessa que tinha feito à esposa anos antes, quando ficaram pela primeira vez. Maria havia prometido que faria de Patrícia a pessoa mais feliz do mundo.

E foi assim que Maria se convenceu de que deveria ceder um pouco e, então, elas começaram a pensar em alternativas para ter um filho. Os procedimentos médicos, como inseminação e fertilização, eram muito caros para elas. Então, cogitaram uma adoção à brasileira, essa em que a mãe doa o bebê para outra família que o registra, sem passar pelo processo tradicional de adoção. Mas, com medo de que as coisas se complicassem em algum momento, elas acharam melhor optar pela adoção através das vias legais.

Advogada, Patrícia conhecia todo o procedimento e deu entrada no pedido de habilitação em março de 2009. Elas resolveram que uma só entraria com o pedido, já que ainda não havia possibilidade jurídica de uma adoção em conjunto por duas mulheres. E, apesar dos conselhos dos amigos advogados de que era melhor esconder sua relação homoafetiva para conseguir adotar, Patrícia já tsinha resolvido que diria a verdade caso fosse questionada. A mentira não era o seu forte.

Nessa mesma época, um casal de mulheres da cidade de Bagé, no Rio Grande do Sul, teve o pedido de adoção de irmãos levado para o Supremo Tribunal Federal (STF), o caso teve grande repercussão midiática e os ministros foram favoráveis à adoção. Essa abertura na jurisprudência brasileira deu a Patrícia mais esperanças de conseguir ter sua habilitação aprovada. Na primeira reunião com a psicóloga e com a assistente social, Maria acompanhou Patrícia até a Vara da Infância e ficou esperando do lado de fora. Dentro da sala, Patrícia era questionada pelas profissionais do porquê de sua escolha pela adoção:

– Porque eu quero ser mãe.

– Só isso?

– Tudo isso. Por quê? Tem que ter mais alguma coisa?

– Porque ninguém nunca respondeu assim.

– Eu quero adotar porque eu quero ter uma filha.

Impressionadas com as respostas rápidas de Patrícia, as mulheres perguntaram qual era o estado civil dela.

– Depende.

Foi a resposta que Patrícia deu para as profissionais. Juridicamente falando, ela era solteira, mas na prática isso não era verdade. Todavia, também não tinha um documento de união estável e, portanto, acabou falando que tinha uma relação. Ao ser questionada sobre o nome do marido, ela perguntou:

– De onde foi que vocês tiraram que se trata de um marido?

Com todas as letras e confiante em sua resposta, Patrícia afirmou que era ELA, e não ele. A expressão no rosto da psicóloga e no da assistente social mudou rapidamente. A reação delas foi perguntar se Patrícia estava falando sério. A paciência, característica que não era muito do perfil de Patrícia, se esgotou, e ela rebateu:

– Como posso estar brincando de dizer que sou homossexual em meio a um mundo heterossexual?

Ainda surpresas, as mulheres perguntaram se a companheira estava ciente dessa vontade e se ela concordava. Patrícia, muito sincera como sempre, disse que sim e que não. A companheira estava ciente, mas não queria adotar, que esse era um desejo só dela. Sem saber o que fazer, as profissionais avisaram que teriam de parar por ali, pois nunca houve um caso como aquele naquela Vara, de um casal declaradamente homoafetivo. Elas comentaram que até já tinham desconfiado de algumas pessoas, mas não tinham como provar nada, mas que no caso de Patrícia elas precisavam falar com a juíza para saber como proceder, e já adiantaram que havia o risco do pedido ser rejeitado.

Patrícia foi para casa tensa e levando bronca de Maria, que tinha avisado à esposa para não falar a verdade. Mas Patrícia, mesmo preocupada com o rumo das coisas, permanecia fiel ao seu desejo de ter uma criança confiada a ela, dizendo a verdade. Foram 15 dias de espera e expectativa quando o telefone, finalmente, tocou. Do outro lado da linha, um pedido:

— A juíza gostaria que vocês viessem para uma nova entrevista, você e a sua esposa.

Dessa vez, foram as duas. Maria estava temerosa, porque não era dela o desejo de adotar. Então, Patrícia simplesmente pediu que ela fosse o mais sincera possível.

— Por que vocês querem adotar?

— Eu não quero, não, quem quer é ela — disse Maria.

— E por que você está fazendo isso?

— Porque eu prometi que a faria feliz. Eu quero dar felicidade a ela; estou cumprindo a minha palavra. E, se ela quer, a gente vai ter um filho.

A entrevista de Patrícia e Maria foi classificada na Vara como a mais sincera. Logo depois, a juíza mandou habilitar as duas. Uma habilitação, que costuma levar de seis meses a um ano, levou quatro meses e, em julho de 2009, ambas já estavam habilitadas. E não foi só a entrevista sincera que adiantou as coisas. Uma visita à casa de Patrícia e Maria foi marcada pelas profissionais da Vara da Infância, procedimento padrão no processo de adoção. No entanto, a notícia da visita acabou se espalhando rapidamente pela família de Patrícia e por toda a vizinhança, que já conhecia as duas há bastante tempo.

No dia marcado, a casa delas estava cheia. Os vizinhos e as vizinhas apareciam de todas as partes para elogiarem o casal e dizer o quanto elas mereciam ter um filho. Teve até uma vizinha que fez um bolo especialmente para as convidadas ilustres. A psicóloga e a assistente social disseram que nunca tinham feito uma habilitação assim, em que os vizinhos se envolveram dessa forma. Patrícia explicou para as profissionais que morava naquele bairro desde os 10 anos de idade, e que seu relacionamento com Maria sempre foi admirado por todos. Não existiam xingamentos, brigas nem escândalos na casa delas. Tinha vizinho que até dizia que sonhava que as filhas tivessem um casamento como o delas, não por ser com uma mulher, mas por ser respeitoso e tranquilo.

Em julho de 2009, o casal foi habilitado para adotar uma criança com o perfil que queriam: uma menina negra, entre 3 e 5 anos. No mês seguinte, elas receberam uma ligação. Existia uma criança em busca ativa, uma modalidade de adoção em que se busca uma família para determinada criança. A menina em questão já tinha passado por devoluções e rejeições e a juíza determinou que fosse encontrado um lar para aquela criança. A psicóloga ligou para Patrícia e falou da menina. Entretanto, existiam algumas diferenças entre a criança e o perfil cadastrado por Maria e Patrícia.

A escolha por uma menina foi de Patrícia, que embora não soubesse o porquê desse desejo tão forte, sempre sonhou em ser mãe de menina e até já tinha escolhido o nome da filha. A opção por uma criança negra estava mais ligada ao fato de Patrícia ser negra, mas Maria também preferia ter uma filha negra. Já a idade, de 3 a 5 anos, foi escolhida porque elas não tinham tempo para serem mães de uma criança recém-nascida ou ainda bebê, pois eram muito dependentes, e Patrícia, além de trabalhar, exercia inúmeras atividades na sua paróquia. A criança que estava em busca ativa se aproximava em alguns pontos, e divergia em vários, do perfil escolhido por elas.

Mas, diante da insistência da psicóloga, elas resolveram conhecer a criança. Vitória, na época, estava com 5 anos e 6 meses, era parda, tinha estrabismo, suspeita de ser autista, dislalia — dificuldade em articular palavras — e transtorno global do conhecimento, que é um tipo de distúrbio nas interações sociais. No caso de Vitória, o transtorno estava ligado à falta de coordenação motora. Foram muitas as dúvidas em conhecer uma criança com tantos problemas de saúde, mas a psicóloga garantia que muitos deles eram devido à falta de estrutura familiar e que bons médicos poderiam ajudar.

No primeiro encontro, a famosa "musiquinha" da adoção não tocou, os sinos não soaram; foi um encontro difícil. A criança demorou para se aproximar de Patrícia, mas ela, que nesse dia tinha ido sozinha, pois Maria estava trabalhando, resolveu voltar no dia seguinte e levar a esposa para conhecer Vitória. Os dias foram passando, elas continuaram visitando a criança e construindo um laço afetivo com ela, já que a juíza havia liberado o período de visitação por 30 dias. Em setembro, a menina já estava morando com Patrícia e Maria. Os primeiros meses dela com a família foram complicados, porém, com o tempo, a convivência foi melhorando e os laços se estreitaram. A nova integrante da casa tem o gênio difícil, mas é muito amorosa. Muitos dos problemas de saúde de Vitória foram superados com a ajuda das mães e de profissionais da área da saúde.

A suspeita de autismo foi descartada e Vitória foi vencendo as suas dificuldades dia após dia, inclusive também a baixa autoestima que apresentava. Patrícia ainda não sabia que filho, independentemente da idade, precisa sempre de aprendizado mútuo e construído diariamente. Ela tinha de abdicar de alguma de suas ocupações.

A segunda filha de Patrícia e Maria, Letícia, chegou à família já crescida, era uma criança de 12 anos. Diferentemente de Vitória, ela foi adotada através do apadrinhamento, ou seja, quando uma pessoa adota uma criança como madrinha ou padrinho e lhe dedica tempo e atenção, sem a obrigação de adotá-la. Essa "não obrigação" do apadrinhamento é que fez Patrícia aceitar apadrinhar, uma vez que ela não se via como mãe de mais de uma menina. Ela queria, apenas, a garota com quem tinha sonhado desde sempre, e essa ela já tinha. Seu sonho de ser mãe já estava sendo realizado com Vitória.

Dessa vez, foi Maria que insistiu para elas terem mais uma criança. Na cabeça de Maria, duas crianças era melhor do que uma, porque uma faria companhia à outra e, como ela vinha de uma família de nove irmãos e irmãs, achava bom crescer em uma família grande. Patrícia, que não costuma ceder a apelos externos, a depender da situação, fingia não ver a empolgação de Maria pela segunda filha.

Antes de Letícia, elas tinham apadrinhado uma menina chamada Isabela, que cativou Maria logo no primeiro contato. Mas Isabela não queria pertencer a uma família com duas mães e uma irmã. Queria ter pai, mãe e ser filha única. A menina ainda passou algum tempo visitando Patrícia e Maria, até que uma situação foi determinante para que ela seguisse outro caminho, com, quem sabe, a família que sonhava.

Vitória, muito carinhosa e emotiva, foi ensinada pelas mães, desde que chegou à família, de que beijar e abraçar as pessoas eram gestos nobres e que demonstravam amor e carinho. Em uma dessas suas demonstrações de afeto, Isabela se irritou com a menina e disse, incisivamente, que não iria abraçá-la, pois não era "sapatão". Confusa com a rejeição da menina e sem entender o que Isabela queria dizer, Vitória perguntou a Patrícia o que era "sapatão". Maria olhou de longe e falou a Patrícia que ela deveria responder para a menina. Em uma conversa franca e lúdica, Patrícia explicou a Vitória que "sapatão" era a forma como as pessoas chamavam as mulheres que se relacionavam de forma amorosa com outras mulheres.

Ao final da conversa, Vitória virou para a mãe e, contente, disse que também era "sapatão", pois amava as suas duas mães, a sua avó, sua tia Kelly e foi enumerando as mulheres da família. Com muita paciência, Patrícia explicou que não se tratava disso e foi tentando esclarecer da forma mais didática possível. Quando a mãe concluiu a explicação, Vitória, novamente com um sorriso no rosto, falou que a mãe Patrícia era "sapatão", mas que ela a amava mesmo assim, porque era a sua mãe. Essa situação foi o primeiro contato de Vitória com algumas questões que viriam e que seriam colocadas para ela durante toda sua vida.

Patrícia ficou satisfeita com a desistência do apadrinhamento, pois não estava mesmo em seus planos ter outra filha. No entanto, uma psicóloga de Teresópolis, ao saber que elas já haviam apadrinhado uma adolescente, ligou para Patrícia e perguntou se elas não gostariam de apadrinhar outra adolescente da cidade dela. Com o intuito de dificultar o pedido, Patrícia ficou de conversar com Maria sobre essa possibilidade. Mas, diante da demora, a psicóloga ligou diretamente para Maria e, então, elas começaram a apadrinhar Letícia.

Aos poucos, Maria, que cada vez mais nutria o sonho de ter uma filha negra, foi se encantando por Letícia, que era uma menina negra. O encantamento foi aumentando e Patrícia fingia não ver o que estava acontecendo, pois ainda achava que só uma filha era melhor do que duas. Elas costumavam passar o final de semana e os feriados com a menina, até que, nos meses de férias, Letícia ficou com Patrícia e Maria por quase quatro meses. Depois dessa temporada na companhia da garota, Maria estava determinada a adotá-la, mas Patrícia ainda relutava como podia. A cartada final de Maria foi dizer que na primeira adoção ela não queria ter filho, mas acompanhou a esposa, e agora era a hora de Patrícia fazer o mesmo.

– Para quem não queria nenhuma, agora quer duas – disse Patrícia.

Mas mesmo ainda meio receosa, aceitou.

Apesar de não estarem habilitadas, devido à adoção anterior e ao trabalho que Patrícia realiza no Grupo de Apoio à Adoção Famílias Contemporâneas, a juíza disse que não havia problemas e que elas podiam adotar a menina. Com a chegada de Letícia, Patrícia foi jogada de escanteio pelas filhas. A mãe Maria, que, apesar de gostar de se vestir com roupas consideradas mais masculinas, acabou virando a mãezona das meninas, que até já perguntaram se ela era mesmo uma mulher. Maria levou a questão na brincadeira e explicou às meninas que cada pessoa se veste de forma diferente.

Patrícia sempre se admirava pelo amor das filhas por Maria, e não se importava de andar atrás nos passeios no shopping, quando seu lugar ao lado da esposa foi completamente tomado pelas duas meninas. Quando tiravam uma foto juntas, Vitória e Letícia corriam para sair ao lado da mãe Maria. Nesse momento, a mãe Patrícia ficou em segundo plano, apesar de que, em qualquer discussão das meninas com a mãe Maria, elas lembravam rapidamente da outra mãe.

Na festinha de 14 anos de Letícia, os amigos já chegaram perguntando quem era a mãe Maria, de tanto que a menina falava dela. E isso não deixava Patrícia triste. Pelo contrário, ela se sentia segura por ter uma pessoa que ama as filhas tanto quanto ela. No início, quando Maria não queria ter filhos, Patrícia sentia uma grande insegurança ao pensar que, de repente, só ela gostaria da filha. Mas seu medo se revelou infundado. Maria se mostrava atenciosa e amorosa com as duas filhas. Melhor do que a encomenda.

Para Patrícia, ter formado com Maria uma família homoafetiva com filhos não alterava em nada seus direitos e deveres perante a sociedade. Para elas, não existiam diferenças e, às vezes, era difícil compreender algumas situações que passavam com as filhas. Como em abril de 2014, quando Vitória teve uma crise renal e precisou ficar internada durante 12 dias.

Patrícia passou a noite com a filha e, quando soube que ela precisaria ficar internada, ligou para a companheira e pediu que ela trouxesse as coisas da menina e também os documentos: certidão de casamento delas, novos documentos de identidade com o nome alterado, cópia da sentença de adoção e da guarda provisória – nessa época, o registro de Vitória ainda não estava pronto. Maria, mesmo sem entender a necessidade de todos aqueles documentos, levou tudo o que a esposa pediu.

Patrícia sabia que algumas instituições não estão preparadas para lidar nem receber novas constituições familiares. Com os documentos exigidos, nada impediria, nem ela nem a Maria, de visitarem e acompanharem a filha. Maria ficou com Vitória e Patrícia foi descansar em casa, pois tinha passado a noite acordada no hospital. O descanso durou pouco; logo Maria ligou e disse que a assistente social do hospital estava dizendo que os documentos eram falsos. Enfurecida, Patrícia voltou ao hospital, mas a assistente social não estava mais lá. Muito brava com a situação que, no fundo, já previa, Patrícia esperou pelo dia seguinte.

– Ah, você que é daquele casal estranho?

Foi assim que a assistente social recebeu Patrícia. Então, como boa advogada que é, ela perguntou por que a mulher estava contestando os documentos expedidos por órgãos públicos. Estava claro para Patrícia que era uma situação de preconceito, porque não havia como duvidar daqueles documentos. Quando Patrícia estava a ponto de explodir, uma senhora idosa, que também trabalhava no setor, olhou calmamente todos os documentos e perguntou qual era o problema, porque, para ela, estava tudo certo. A assistente social não mediu as palavras:

– O problema é que são duas mulheres!

Com paciência, a senhora franziu a testa para a assistente social e perguntou se ela sabia da existência das novas composições familiares. Agradecida, Patrícia esperou pela autorização e fez um pedido. Argumentando que não havia diferença entre uma família de mãe e pai e uma família de mãe e mãe, como a sua, ela disse que não queria a carteirinha de visita especial, e sim as carteiras de visita de mãe e de pai, porque assim não haveria choque de horário e tanto ela como Maria poderiam circular livremente pelo hospital. Patrícia conseguiu, com muita dificuldade, os crachás de pai e mãe.

Patrícia ficou com o crachá de pai e deu o de mãe para Maria, pois achou que, se alguém encrencasse, sua personalidade ajudaria a resolver melhor o problema. E foi exatamente o que aconteceu. Nos primeiros dias em que Patrícia foi visitar Vitória, ela foi questionada pelo fato de estar com o crachá de pai. Sem nenhuma vergonha, e com certo humor, ela respondeu que tinha feito cirurgia de mudança de sexo e tinha "arrancado tudo fora". Depois de alguns dias, os funcionários já não perguntavam mais nada.

Esse tipo de pergunta e a curiosidade sobre a composição familiar de Patrícia e Maria, apesar de não serem frequentes em suas famílias e entre os amigos, não passam despercebidas em outros ambientes sociais. Quando elas foram oficializar a união com as filhas como damas de honra, a comoção foi geral. As meninas ficaram muito animadas com a possibilidade de entrarem na igreja com as duas mães. Diante da empolgação, Vitória e Letícia trataram de contar para todos os colegas de turma sobre o casamento de suas mães. No dia seguinte, as duas voltaram da escola desanimadas com a resposta de alguns amigos. Letícia, por ser mais velha, acabou sentindo mais o comentário de um dos colegas.

A menina chegou em casa triste, pois lhe disseram que duas mulheres não podiam se casar e que isso "era coisa do demônio". Intrigada, Patrícia explicou para a filha que duas mulheres podiam, sim, se casar e que ela deveria convidar esse amigo e toda a família dele para a cerimônia, que seriam muito bem-vindos.

Em outra ocasião, também na escola, chamaram as mães de Letícia de "sapatão". Ela ficou chateada, até chorou um pouco, mas Patrícia explicou de forma clara à filha que ela tinha de aprender a lidar com isso, pois era algo que sempre iria acontecer. Se Patrícia estivesse em um relacionamento heterossexual, ela podia dizer que Vitória tinha sido fruto de uma gravidez planejada e que Letícia tinha vindo após algum deslize, como o esquecimento do anticoncepcional. Essa analogia é feita pela própria Patrícia ao contar para a filha mais velha sobre a composição familiar delas.

– Mesmo que eu e a Maria nos separássemos, você continuaria sendo filha de sapatão, então tem que aceitar isso mesmo. A não ser que você não queira ser nossa filha.

Após a explicação da mãe, Letícia se apressou em responder que não queria deixar de ser filha delas.

Apesar de todas essas situações, antes de matricular as filhas na escola, Patrícia e Maria conversaram com os profissionais responsáveis e falaram sobre sua composição familiar: eram duas mães, não havia pai e ambas as filhas vieram pela adoção. Patrícia precisava ter certeza de que as filhas seriam bem acolhidas. Para ela, esses episódios ocorridos no ambiente escolar não chegam a trazer dor de cabeça para a família e as filhas sofrem mais preconceito pelo fato de serem adotadas do que por terem duas mães.

Um dia, um dos amigos de Vitória ficou bravo com ela e falou que "iria contar para o PAI da amiga". Brincalhona, ela levantou e disse:

– Ha, ha, ha! Eu não tenho pai! Tenho duas mães!

O menino, ainda tentando entender, soltou:

– Poxa... Se uma é chata, imagine duas!

Em outras ocasiões, Patrícia e Maria têm de lidar com a curiosidade dos amigos das filhas, que, quase sempre empolgados, vão conferir se é verdade que as meninas têm duas mães.

Agora o que realmente chateia Patrícia é quando alguém pergunta quem é a "mãe de verdade" das meninas.

– As pessoas querem saber quem é a mãe biológica das crianças, sem saber que são adotadas.

Como os traços físicos de Patrícia são mais parecidos com os das filhas, as pessoas geralmente pensam que elas são filhas biológicas dela e não fazem perguntas. Mas, quando Maria também está presente e as duas se apresentam como mãe, a pergunta costuma ser recorrente.

Em uma consulta, Vitória estava acompanhada de Maria, e Patrícia chegou depois. Ao observar a menina chamando Maria de mãe e, com a chegada de Patrícia, também chamá-la de mãe, a recepcionista indagou para elas quem era a mãe verdadeira. Imediatamente, Maria e Patrícia responderam: "Eu!". Ainda sem entender, a mulher perguntou novamente e, dessa vez, foi Vitória quem respondeu:

– Não existe mãe de brinquedo, sabia? Não se compra mãe na Ri Happy!

★★★

Maria e Patrícia ainda não estavam casadas "no papel" e diferentes decisões estavam sendo emitidas nos tribunais pelo país. A união estável já era permitida, mas o casamento civil não. Patrícia queria ser "casada" e, por isso, não quis fazer o contrato de união estável. Então, decidiu entrar com o pedido de casamento civil. A resposta para o pedido veio em 13 laudas escritas pelo juiz, que definiu o que era homem e mulher mais de 15 vezes na sentença. Muito magoada com a decisão, Patrícia e Maria recorreram e, na segunda instância, o casamento foi autorizado após um parecer favorável do Ministério Público.

Apesar do casamento ter sido autorizado, Patrícia ainda precisava passar por mais uma barreira de preconceito. Com a sentença favorável já disponível on-line, ela precisava pegar o processo com a nova sentença para dar entrada na papelada do cartório e marcar a data do casamento. No entanto, Patrícia foi três vezes à Vara, mas ninguém conseguia achar o processo.

A vontade dela só era casar. Assim, já sem paciência, ela foi uma quarta vez. Diante da desculpa do funcionário, que dizia não achar o processo, ela foi direto ao ponto e disse que se não achassem o processo naquele dia, ela não iria mais lá. Iria diretamente à desembargadora que deu a sentença, alegar que estavam de "molecagem" com o processo dela, além de ir à Corregedoria alegar perseguição. Estava muito claro para Patrícia que tudo aquilo não passava de preconceito das pessoas que trabalhavam na Vara. Poucos minutos depois, o processo, magicamente, apareceu.

Ao chegar ao cartório com todos os papéis necessários em mãos, as funcionárias fizeram exigências inimagináveis e Patrícia ficou de ir, no dia seguinte, marcar a data. Uma dessas funcionárias ligou para Patrícia e falou que seu nome estava grafado errado no processo e, com esse erro, não poderia haver casamento. Pacientemente, Patrícia explicou que o erro já estava retificado no processo e pediu que ela conferisse determinada página para checar a alteração. Sem saída, a mulher do outro lado da linha falou que elas deveriam ir durante o dia realizar o casamento. Patrícia falou que elas não iriam casar lá, mas sim em uma igreja.

– E a igreja vai te casar?
– Vai.
– E a igreja casa esse tipo de gente?
– Que tipo de gente?

Patrícia citou todos os artigos que condenavam a discriminação e perguntou, calmamente, em qual data ela poderia se casar. "Até o dia 16 de novembro", foi a resposta.

No dia 11 de novembro de 2013, Patrícia e Maria se casaram em uma cerimônia para cerca de 60 convidados na Igreja Cristã Contemporânea, localizada no bairro de Madureira. Dona Zaira, responsável pela aproximação das duas, levou as alianças, e as filhas, Vitória e Letícia, foram as damas de honra na celebração. Patrícia usou um vestido branco perolado e deixou os cabelos soltos; Maria, também com os cabelos soltos, vestiu um elegante conjunto de calça e camisa brancas. Patrícia se emocionou durante toda a cerimônia e viu seu estado civil ser, legalmente, CASADA, como sempre sonhou.

A cerimônia foi realizada em uma segunda-feira e alguns familiares e amigos não puderam ir. Mas realizar o casamento em um dia de semana foi justamente uma estratégia econômica de Patrícia. Como seria uma data difícil para muitos irem, consequentemente elas gastariam menos na cerimônia e, assim, sobraria dinheiro para uma rápida lua de mel em Paraty.

A repercussão do casamento de Patrícia e Maria começou ainda na lua de mel. Apesar de assumirem a relação homoafetiva para todos, nas atividades que Patrícia realizava na paróquia nunca foi questionado se ela era casada e com quem. Ela também não disse.

Católica, Patrícia ia à missa aos domingos com Maria e as filhas, sentavam todas juntas, mas nunca ninguém a interrogou. Como andava mais afastava da igreja desde a chegada de Vitória, Patrícia se surpreendeu com a recepção da notícia de seu casamento dentro da paróquia.

O motivo do alarde foram as fotos que os convidados, autorizados pelas noivas, postaram no Facebook. A cerimônia foi realizada na Igreja Cristã Contemporânea, fundada por dois pastores homossexuais e que realizam casamentos homoafetivos. Apesar da igreja em que a cerimônia aconteceu ser evangélica, Patrícia e Maria eram católicas.

Patrícia, que nunca pertenceu a nenhuma religião, começou a frequentar a Igreja Católica, acompanhada pela cunhada, após uma crise financeira que a deixou em uma situação econômica bem difícil. Ainda com muitas dúvidas a respeito do Catolicismo, resolveu se matricular na catequese para adultos e daí passou a se envolver em diversas atividades dentro da igreja. Deu aula de catequese, coordenou crisma, acolhimento e pastoral da juventude. Tudo isso teve de parar com a chegada das filhas, já que o tempo livre de Patrícia passou a ser dedicado, em sua maior parte, às meninas.

★★★

– Um momento feliz meu.

Foi assim que Patrícia respondeu, com certo ar de "tô nem aí" ao possível receio de suas fotos serem expostas. Quando voltaram da lua de mel e retomaram as atividades habituais, Patrícia enfrentou meses difíceis dentro de sua paróquia. As pessoas que a conheciam se dividiram em três grupos: os que fingiam que não a viam, os que não falavam com ela e os que tinham medo. Patrícia não era uma pessoa que passava despercebida, então ela sentiu a diferença de tratamento de todos ali. Poucas pessoas iam falar com ela sobre o casamento, ou sobre qualquer outro assunto. Mas deixar de ir à igreja estava fora dos planos. Ela é católica, Maria é católica e as filhas estão encaminhadas ao Catolicismo.

Com o tempo, o mal-estar dentro da igreja foi passando e as pessoas começaram a se reaproximar, sem perguntas. Patrícia se sentiu aliviada, porque, pela primeira vez, não existia nada a omitir, em nenhum lugar. Sua sexualidade, seu casamento, sua vida eram motivos de orgulho. Mas ainda existem situações no dia a dia, principalmente no trabalho de Patrícia, em que fica difícil falar diretamente sobre a esposa, talvez por falta da pergunta correta ou por falta de jeito. Se perguntam o nome do seu marido, a resposta é que não tem. Se perguntam seu estado civil, a resposta vem empolgada: CASADA.

★★★

No dia da entrevista, Patrícia me mostrou, felicíssima, todos os documentos com o nome alterado para o de casada. Após o casamento, ela e Maria decidiram colocar os sobrenomes das duas nos documentos. As filhas de Patrícia e Maria também já têm os nomes das mães na certidão de nascimento.

LUCRÉCIA e PAULA
Minha mãe e meu negão

  Conheci Paula, 40 anos, e Lucrécia, 45 anos, por meio da indicação de um professor. Ele me aconselhou a procurá-las para fazer parte deste livro-reportagem. Então, liguei para Paula e marcamos um encontro na cidade de Salgueiro, em Pernambuco, onde elas vivem com a filha Maria Eugênia, de 12 anos. Aquela seria minha última entrevista nos últimos 12 meses de elaboração deste projeto.
  A manhã do sábado do dia 15 de novembro estava nublada quando cheguei a Salgueiro. Após me instalar em um pequeno hotel da cidade, telefonei para elas e falei com Lucrécia, com quem confirmei a entrevista, marcada para as 19 horas na casa delas. No horário combinado, já em frente à casa, dei leves batidas na porta branca de metal com janelas basculantes. Paula abriu com um sorriso no rosto e me convidou para entrar. Ela estava de calça jeans, camisa vermelha folgada, com as mangas um pouco dobradas, sapatilha artesanal de couro e os cabelos pretos e curtos penteados para trás. Usava óculos de acetato preto de tamanho médio e tinha um sorriso acolhedor.
  Entrei na sala da casa e logo reparei em um grande quadro. Uma pintura emoldurada de Jesus Cristo, pendurada na parede pintada de lilás. Eu me sentei em uma cadeira de balanço e Paula se sentou à minha frente em um pufe verde. Segundos depois, Lucrécia, que vestia uma blusa preta justa e uma saia da mesma cor, com o rosto maquiado e os cabelos loiros presos, atravessou o corredor e veio em nossa direção, com uma expressão desconfiada. Ela me cumprimentou e se sentou na outra cadeira de balanço, ao meu lado. Pouco tempo após o início da entrevista, Maria Eugênia, filha biológica de Lucrécia e também considerada como filha por Paula, veio "espiar" o que estava acontecendo. Lucrécia

explicou quem eu era à menina e, logo depois, perguntei o nome dela, o qual ela respondeu imediatamente.

Ficamos ali, as quatro, um tanto quanto tímidas ao som da música "Te vivo", do cantor Luan Santana, que tocava no aparelho de som da casa, até a conversa começar a fluir de forma natural. Lucrécia é formada em Pedagogia e dá aulas em uma escola estadual para alunos do ensino fundamental. Além de Maria Eugênia, ela tem mais duas filhas: Bárbara, de 25 anos, e Talita, de 23, além de um neto.

Já Paula, apesar de formada em Letras, não atua na área. Trabalha em uma empresa privada de transportes. Elas estão juntas há cinco anos, e o aniversário da união foi celebrado em 14 de novembro, dia anterior ao da entrevista.

★★★

Lucrécia nasceu na cidade de Salgueiro e foi adotada ainda muito pequena. Enquanto crescia no lar adotivo, percebia que a família não a tratava como um de seus membros, mas sim como empregada doméstica. Exausta de tanto trabalhar e não receber nada em troca, assim que pôde, procurou emprego e, ainda muito jovem, conseguiu ir morar sozinha e viver de seu próprio sustento.

Já com uma relação bem distante com a família, Lucrécia não teve o apoio de ninguém quando ficou grávida, aos 19 anos. Na época, ela trabalhava como empregada doméstica e foi vítima de um abuso que resultou na gravidez. Completamente sozinha, não sabia como sustentaria a si e àquela criança, e então, nos meses finais da gestação, Lucrécia decidiu que entregaria a filha – àquela altura já sabia que seria uma menina – a alguma família da cidade de Petrolina, também em Pernambuco. Ela escolheu Petrolina porque o município era de maior porte e lá existiam alguns familiares de seus patrões, que a ajudariam na entrega da menina a alguma família que desejasse realizar uma adoção consensual.[6]

Com essa única perspectiva, Lucrécia pegou um ônibus com destino a Petrolina quando já estava no período final da gestação. Pouco antes

---

[6] "Se os pais forem falecidos, tiverem sido destituídos ou suspensos do poder familiar, ou houverem aderido expressamente ao pedido de colocação em família substituta, este poderá ser formulado diretamente em cartório, em petição assinada pelos próprios requerentes, dispensada a assistência de advogado" (Art. 166 da Lei 12.010/2009, que alterou o Estatuto da Criança e do Adolescente).

de chegar à rodoviária da cidade, ela avisou ao motorista que desceria na maternidade, pois sua bolsa havia rompido e a filha poderia nascer a qualquer momento. Após o nascimento de Bárbara, Lucrécia, em vez da filha, recebeu um menino para amamentar. Como estava um pouco desnorteada após o parto, ela alimentou aquela criança, mesmo sabendo que não era sua. No dia seguinte, pediu que a enfermeira verificasse a identificação do menino, porque a filha dela estava com a mulher ao lado e o garoto não era seu filho. Após constatar a troca dos bebês, a enfermeira devolveu Bárbara a Lucrécia. A outra mãe também havia percebido a confusão, mas estava encantada com a menina, pois tinha oito filhos do sexo masculino.

Depois de uma semana internada por causa de uma infecção pós-parto, com a menina nos braços, sem enxoval nem preparação financeira ou emocional para ser mãe, Lucrécia entregou a filha para a família que havia se disposto a adotá-la. Contudo, um dia após entregar a menina, a família que a recebeu pediu que Lucrécia fosse buscá-la, pois eles haviam conseguido uma adoção de gêmeos e não ficariam mais com Bárbara. Lucrécia pegou a filha de volta e, novamente sem saber o que fazer, voltou para Salgueiro.

Assim que chegou, entregou a filha novamente, dessa vez a uma família de sua cidade natal. Após deixar a criança na casa, quando Lucrécia estava indo embora, ainda caminhando pela mesma rua, uma das filhas da mulher que tinha ficado com Bárbara gritou do portão da casa:

– *Mainha* disse que não quer só ela *não*. Quer você também!

Emocionada por ser acolhida com a filha, da qual não desejava se separar, ela foi para a casa da mulher e lá ficou morando até conhecer seu futuro marido.

Pouco mais de dois meses depois, Lucrécia conheceu um homem surdo; eles se aproximaram e começaram a namorar. Rapidamente, ela, ele e Bárbara, ainda bebê, foram morar juntos e formaram uma família. Naquele momento, Lucrécia achava importante estar ao lado de uma pessoa que lhe desse segurança financeira, pois não queria que faltasse nada à filha.

Dois anos depois do casamento, Lucrécia teve outra filha, Talita. No entanto, o relacionamento não ia bem. Lucrécia e o marido tinham uma vida de fachada, pois, dentro de casa, a realidade não era a de uma "família feliz". Com o nascimento da terceira filha, Maria Eugênia, a relação se desestruturou ainda mais.

A menina nasceu portadora da Síndrome de Down e chamou a atenção de toda a cidade. Inúmeras pessoas foram visitar Lucrécia e a filha na maternidade só para ver, presencialmente, a criança que nasceu "com problemas", conforme o boato que foi espalhado. Certo dia, havia mais de 20 pessoas que Lucrécia desconhecia em seu quarto no hospital, todas visitando mãe e filha apenas por curiosidade.

Diferentemente da "surpresa" da cidade com uma criança portadora de Down, Lucrécia, apesar de não saber que a filha tinha a síndrome até seu nascimento, não se abalou e tampouco recusou a menina em momento algum. Pelo contrário. Prometeu à filha que trabalharia no que fosse possível para que ela fosse inserida de forma normal na sociedade.

Maria Eugênia também nasceu com um problema no coração e, ainda nos primeiros meses de vida, teve de ser operada em Recife. Como o marido não a acompanhava nas viagens, Lucrécia precisou cuidar sozinha da filha na capital de Pernambuco. Na cidade, que é muito grande se comparada à Salgueiro – que tem cerca de 60 mil habitantes –, Lucrécia teve auxílio de médicos e associações para o tratamento da menina. Maria Eugênia teve a cirurgia realizada por uma equipe médica de Cuba e recebeu acompanhamento cardíaco, motor, fonoaudiológico e cognitivo. Lucrécia até recebeu um prêmio pelo desenvolvimento precoce da filha com Down, pois Maria Eugênia andou e falou aos 8 meses.[7]

Quando voltou a Salgueiro, Lucrécia trabalhou duro para cumprir a promessa que tinha feito à filha logo após o seu nascimento: de que ela seria inserida na sociedade sem nenhuma distinção das outras crianças. Lucrécia tinha tanto empenho para que a filha aprendesse mais a cada dia que, às vezes, era convidada por médicos para aconselhar ou dar seu depoimento para mães de crianças portadoras de Down ou de outras necessidades especiais.

Nessa época, Lucrécia tornou-se presidente da extinta Associação de Pessoas com Deficiência do Sertão Central, localizada em Salgueiro. A luta pela inclusão ficou cada vez mais presente no dia a dia dela e de Maria Eugênia. "Eu fiz minha parte como mãe", é assim que Lucrécia explica seu empenho para que a filha e outras crianças com limitações físicas ou déficits cognitivos pudessem ser inseridas na sociedade, sem discriminação e com oportunidade de explorar seus potenciais.

---

[7] A maioria das crianças com Síndrome de Down vai progredir até usar a fala como principal sistema de comunicação. Muitas começam a utilizar espontaneamente as palavras para se comunicar entre 2 e 3 anos, mas, em geral, esse processo é um pouco mais lento, podendo começar aos 5 anos de idade. Para saber mais ver o site *Movimento Down*, disponível em: <http://www.movimentodown.org.br> (acesso em: 14 fev. 2014).

Na época da entrevista, Maria Eugênia estudava no terceiro ano do ensino fundamental de uma escola regular e lia tão bem quanto qualquer amiguinho de sua turma. Porém, quando Lucrécia foi matricular a filha na escola, a diretora da primeira instituição que ela visitou comunicou que não havia estrutura escolar adequada e que não poderiam receber a menina. Lucrécia não desistiu até conseguir que a filha estudasse em uma escola regular que se adaptasse às suas necessidades. Nessa escola, os amigos e os professores de Maria Eugênia não excluem a menina. Pelo contrário, ela convive com os colegas, professores familiares e vizinhos de forma amorosa e igualitária.

Durante a entrevista, Maria Eugênia pediu permissão à mãe para ir à casa da vizinha. Bem independente, ela foi sozinha. Naquele momento, acreditei que a menina já estava cansada de ouvir as histórias de suas mães e preferiu ir passear.

***

Com Maria Eugênia ainda pequena e as duas filhas mais velhas já adolescentes, Lucrécia começou a trabalhar em um órgão público da cidade. Em casa, as dificuldades no casamento só aumentavam: além de sofrer violência doméstica, ela não se relacionava mais nem afetiva nem sexualmente com o marido. No entanto, não tinha coragem de se separar, pois pensava no bem-estar das filhas e não queria retirá-las do lar em que cresceram, pois sabia que sozinha não conseguiria manter o padrão econômico em que a família vivia.

Em 2009, Lucrécia estava trabalhando na mesma secretaria municipal que Paula. Apesar de não conhecer bem a colega de trabalho, pois ficavam em departamentos distintos, Lucrécia sempre ouvia sua chefe comentando algo sobre ela e imaginava que a moça também era casada e tinha filhos. A máquina de xerox do prédio ficava na sala em que Paula trabalhava, e Lucrécia sempre a via quando precisava tirar cópias de documentos. Em um desses dias, Lucrécia quebrou o equipamento e Paula ficou bem irritada. Brava, ela olhou fixamente nos olhos de Lucrécia e disse:

—Você só vem aqui para quebrar as coisas!

Lucrécia ficou revoltada com a forma como Paula falou e reclamou, chorando, para sua chefe. Entretanto, após o episódio, ela não conseguia parar de pensar nos olhos de Paula no momento da discussão. Ninguém nunca tinha olhado tão profundamente em seus olhos como aquela mulher.

***

Desde pequena, o referencial de Paula era sua mãe. Ela sempre a admirou por cuidar da casa, trabalhar e criá-la praticamente sozinha, já que seu pai era ausente, até que eles se separaram quando ela tinha 15 anos.

Na adolescência, apesar de ter namorado alguns garotos, Paula sentia atração por meninas. Como não entendia aqueles pensamentos e sentimentos, preferiu guardá-los para si. Um de seus namoros, o mais longo, quase resultou em casamento. No entanto, quando o relacionamento estava ficando mais sério, Paula decidiu que deveria ser sincera consigo mesma e terminou.

A decisão também foi impulsionada pelo que estava sentindo por uma mulher com quem conversava em um site de bate-papo, e com quem teve sua primeira relação homossexual. A moça era de Fortaleza, no Ceará, e Paula acabou indo até lá para conhecê-la pessoalmente. Na capital cearense, além de ter ficado pela primeira vez com uma pessoa do mesmo sexo, Paula também conheceu ambientes que, até então, nunca tinha imaginado, como boates e bares voltados para o público LGBTI.

Depois de seis meses, de volta a Salgueiro, Paula já sabia exatamente do que gostava e do que não gostava. Passou a se relacionar com mulheres, mas não dizia abertamente a ninguém. Acreditava que a mãe nunca aceitaria sua identidade afetivo/sexual e preferiu esconder enquanto pôde. Por mais que ela só tivesse relacionamentos casuais e fora da cidade, depois de algum tempo a mãe começou a desconfiar, pois, além de Paula não ter tido mais nenhum namorado, ela praticamente só recebia ligações de mulheres. No entanto, elas nunca tocavam no assunto.

★★★

Após a discussão com Paula no trabalho, Lucrécia não conseguia tirar aquela mulher de postura firme de sua mente. Ela ficava observando Paula através do vidro, diariamente, sempre que passava em frente à sala dela. Com o tempo, a "pretendente" percebeu os olhares e começou a retribuí-los. Certa manhã, durante o expediente, Paula abordou Lucrécia e disse que ela deveria valorizar mais o seu decote. A partir daí, Lucrécia ia trabalhar cada dia mais arrumada. Colocava as roupas de que mais gostava, usava maquiagem e salto alto. Quando ela se aproximava da sala de Paula, todos do setor já sabiam quem estava vindo, apenas pelo barulho que o salto do sapato fazia nos corredores. Lucrécia se sentia diferente, tinha vontade de se arrumar mais e viu nascer um sorriso que há muito tempo não se via em seu rosto.

Sempre que Paula se aproximava, seu coração acelerava e faltavam-lhe as palavras. Com o passar dos dias, Lucrécia desconfiava que seu interesse por Paula podia ser recíproco, mas não tinha coragem de falar nada. Numa noite, a chefe das duas, que já tinha percebido o clima, solicitou que Lucrécia fizesse um trabalho em seu lugar com Paula. "Vão lá para cima, liguem o som e fiquem à vontade." Lucrécia e Paula estranharam o que a chefe disse, mas foram para a sala fazer o trabalho de que tinham sido incumbidas.

Minutos depois de começarem a tarefa, Paula pegou a mão de Lucrécia e perguntou diretamente:

– É pessoal ou profissional?

Lucrécia respondeu que era profissional, e Paula, contrariada, disse que iria embora. Porém, apesar do susto, Lucrécia não deixou que Paula fosse, e elas trocaram o primeiro beijo.

Após esse beijo, que aconteceu no mês de setembro, Paula e Lucrécia não conseguiram mais ficar longe uma da outra. Mas existia um empecilho ao relacionamento: Lucrécia ainda vivia na mesma casa que o marido, por mais que eles não tivessem uma vida de casados. Elas namoraram "escondido" por dois meses, até Lucrécia sair, definitivamente, de casa, após uma discussão com o ex-marido, quando revelou que estava tendo um relacionamento com outra mulher.

A princípio, a filha mais velha de Lucrécia não apoiou a decisão da mãe de sair de casa para viver com outra mulher. Mas, com o passar do tempo, Bárbara percebeu que a mãe seria mais feliz com Paula e passou a conviver tranquilamente com as duas.

Lucrécia alugou uma quitinete e, dois meses depois do primeiro beijo, ela e Paula estavam morando juntas. No início, Lucrécia não quis levar as meninas, pois acreditava que não poderia privá-las do conforto da casa em que sempre viveram para morar com ela em um lugar apertado. Como as duas filhas mais velhas já eram crescidas, ela, apesar de receosa com a decisão, sabia que Bárbara e Talita cuidariam de Maria Eugênia, que na época tinha 7 anos.

Nesse momento, apesar de ter medo da reação da mãe, Paula decidiu lhe contar, claramente, que sairia de casa para viver com outra mulher. Ela disse à mãe que era lésbica, que estava namorando Lucrécia e iria viver com ela. Conforme imaginado pela filha, a mãe disse que nunca concordaria com essa decisão e nem com a identidade afetivo/sexual de Paula.

Quando os colegas de trabalho ficaram sabendo do relacionamento das duas, elas sofreram várias situações de preconceito na instituição em que trabalhavam. Qualquer atitude era motivo para que fossem transferidas para cargos inferiores, foi solicitado que elas não chegassem juntas ao trabalho, que não trabalhassem no mesmo horário nem ficassem juntas e sozinhas em um mesmo local durante o expediente.

Ambas redigiram cartas ao prefeito da cidade, relatando o que estava ocorrendo no ambiente de trabalho e pediram demissão, mas o pedido não foi aceito e foi solicitado que elas permanecessem; mesmo assim Paula deixou o trabalho meses depois e logo conseguiu outro emprego em uma empresa privada. Lucrécia continuou trabalhando no mesmo local e sendo alvo constante de fofocas e comentários maldosos por estar vivendo com uma mulher, por ter deixado o marido e não ter levado a filha pequena.

Apesar das adversidades, Lucrécia não se intimidou diante dos preconceituosos de plantão. Segundo ela, lidar com preconceito faz parte de sua vida, pois é filha adotiva, engravidou de um abuso sexual, casou com um homem surdo, teve uma filha com Síndrome de Down e agora estava namorando uma mulher. Com uma postura firme e corajosa, ela encarou todos os olhares com a bravura de quem já sabia com o que estava lidando. Paula, como é mais tímida, agia com mais cautela diante do preconceito, mas não cogitou deixar de viver esse amor.

Certa noite, as duas estavam em um barzinho próximo ao hotel onde estavam hospedadas durante um passeio. Paula foi ao hotel tomar banho e Lucrécia permaneceu no local. Um homem, que estava sentado em uma mesa próxima à delas, começou a paquerá-la, mas ela não deu atenção. Quando Paula voltou, ele perguntou se elas eram um casal e, depois da resposta afirmativa, o amigo dele falou que era melhor se afastarem, pois era provável que Paula tivesse alguma gilete ou algo parecido dentro da bolsa, uma vez que isso seria típico de "pessoas como ela". Revoltada com o comentário preconceituoso, Lucrécia discutiu com os dois homens e Paula explicou que não existia nada daquilo.

Apesar de encarar os comentários e o preconceito com toda coragem, Lucrécia teve uma crise de depressão e precisou tomar medicamentos, pois não estava aguentando a pressão. Ela chegou a ser internada depois de sofrer uma crise nervosa; na ocasião, uma amiga perguntou a Paula se ela não percebia que a namorada estava assim por causa dela. Inconformada, Paula não entendia por que as pessoas sempre colocavam a culpa no seu relacionamento. "Que diferença fazia que fossem duas mulheres?", ela se perguntava.

Mas mesmo diante das tantas adversidades, elas não permitiram que o relacionamento terminasse por causa das intrigas e decidiram que seriam uma família, independentemente do que a população da cidade pensasse. Passaram a andar de mãos dadas na rua, não escondiam mais que eram um casal e, depois, mais estabilizadas, levaram Maria Eugênia para morar com elas.

Na escola onde Lucrécia trabalha, os alunos sabem que a professora é casada com outra mulher. No início, a direção proibiu que Paula fosse buscá-la. Entretanto, ao observar que o marido de outra professora a buscava na escola, Lucrécia exigiu que sua esposa também pudesse fazer o mesmo. Afinal, elas eram um casal assim como aquele outro. A escola permitiu, e Lucrécia passou a tratar da questão com tranquilidade no ambiente escolar, assim como fazia na época da universidade.

Antes de ser professora, quando estava cursando Pedagogia, Lucrécia assistia a quase todas as aulas na companhia da namorada. Ciumenta, Paula costumava ir periodicamente à faculdade, e para evitar comentários, Lucrécia logo a apresentou à turma como sua namorada, para que ninguém se perguntasse o que aquela moça fazia ali. Durante a entrevista, Lucrécia sorriu ao se lembrar dessa época, pois, segundo ela, várias pessoas de turmas diferentes, quando souberam do casal de mulheres, iam até a sala dela só para "conferir" se era verdade.

O amor entre Lucrécia e Paula chamava atenção por sobreviver às inúmeras situações de preconceito. No decorrer da entrevista, Lucrécia me contou que a história delas tem até trilha sonora: a canção "Metade da metade", da banda Limão com Mel. Ela confidenciou que sonha com o dia do casamento, quando ela e Paula cantarão juntas essa música, escolhida pelo casal como lembrança do seu amor.

★★★

Apesar de Paula não sonhar em ser mãe, Lucrécia viajou até Recife e fez uma inseminação artificial para dar um filho à esposa. Mas a gravidez não foi até o fim. Desanimada e preocupada que Lucrécia pudesse ter algum problema de saúde, Paula não a incentivou a fazer um novo procedimento. Elas decidiram que, caso quisessem outro filho, adotariam uma criança.

Mas, mesmo que não tenha filhos biológicos, assim que começou a conviver com Maria Eugênia, Paula ganhou uma filha. A menina, apesar de não chamar Paula de mãe, não faz distinção no carinho entre as duas. Curiosamente, a menina a chama de "Meu Negão", apesar de Paula não ser negra. Na escola de Maria Eugênia, os amigos avisam quando suas duas mães chegam: "Olha, Maria Eugênia, suas mães vieram te buscar".

Lucrécia diz que, mesmo tendo só 12 anos, a filha sempre as surpreende com a compreensão que tem de sua família homoafetiva. Um dos momentos em que Lucrécia e Paula mais se emocionaram com a filha foi em uma apresentação de Dia das Mães na escola. Maria Eugênia cantou a música "Eu e você", da cantora Ana Cristina, em homenagem às mães:

> Mãe, você me faz sentir a vida, mais bela e mais colorida
> e faz meu mundo bem melhor; mãe, não tenho como lhe pagar, só
> tenho meu amor pra dar e toda a dedicação.
> Eu te amo, minha mãe.
> O amor será nossa ligação,
> eu e você, você e eu em eterna união [...]

Após terminar de cantar, a menina fez um gesto de coração para Lucrécia e disse:

– Mamãe, eu te amo muito, muito, muito, mas eu amo mais o meu Negão!

MARÍLIA
Somos uma família moderna

Inicialmente, eu não tinha intenção de ir a Brasília. Porém, em dezembro de 2013, Marília, 43 anos, uma jornalista que fazia parte do grupo de famílias homoafetivas, que viabilizou grande parte da realização deste livro, fez uma postagem nessa comunidade do Facebook. O assunto era uma audiência pública sobre novas configurações familiares,[8] que ocorreria na Comissão de Direitos Humanos e Legislação Participativa do Senado Federal.

Assim que visualizei a publicação, fiquei entusiasmada com a possibilidade de participar daquele momento e com a oportunidade de já iniciar as entrevistas, e decidi ir para a capital. Informei-me sobre a audiência com Marília, que me passou os detalhes da sessão via Facebook, e também aproveitei para explicar o trabalho que pretendia realizar e para marcar uma entrevista com ela. Minha estadia em Brasília foi curta, mas proveitosa em muitos sentidos.

Formada em jornalismo pelo Centro Universitário de Brasília (CEUB), Marília é servidora pública em sua área. Sua esposa, Vanessa, 43 anos, é arquiteta e também trabalha no serviço público. Elas vivem em Brasília com os três filhos: Samuel, de 4 anos, e os gêmeos Mateus e Felipe, de 3 anos.

No dia 11 de dezembro, um dia antes da audiência, e logo após a minha primeira entrevista na cidade, fui de carona com as entrevistadas anteriores, Laura e Marta, até o Senado, onde nos encontramos com Marília. Ela nos cumprimentou, ainda no estacionamento, e fomos até uma cafeteria para acertar os detalhes do evento.

---

[8] A audiência pode ser assistida na íntegra no site e-Cidadania (disponível em: <http://goo.gl/LBM89M>. Acesso em: 14 fev. 2016).

Após o café, Laura e Marta foram embora, e eu fui com Marília conhecer o interior do Senado. Ela me apresentou todo o prédio e me contou como era sua rotina de trabalho, explicando tudo didaticamente. Passamos, inclusive, em frente ao estúdio da Rádio Senado, onde é gravada parte do programa *A Voz do Brasil*. Foi um grande aprendizado, para uma jornalista iniciante, ter a oportunidade de ver como funciona a produção de meios de comunicação de grande porte, como a TV Senado, onde Marília trabalhava à época da entrevista.

Após o *tour*, ainda no prédio, sentamos em um sofá preto de estilo moderno, e iniciamos a entrevista. Marília, que é alta, estava com uma camisa social branca e uma calça preta. Seus cabelos, castanho-escuros, lisos e cortados bem curtos, contrastavam com sua pele, bem branca. As unhas, não muito compridas, estavam pintadas de vermelho. O estilo era um pouco formal, certamente pelo seu ambiente de trabalho.

No dia seguinte, 12 de dezembro, nos encontramos novamente para a audiência pública. Dessa vez, o assunto seria a necessidade de políticas públicas e ações voltadas às novas constituições familiares.

– Minha família não tem outros casais homoafetivos e as pesquisas indicam que 99% dos filhos de casais homoafetivos são heterossexuais. Ou seja, não há por que temer que destruamos a família "tradicional". Nossa luta por direitos civis e respeito visa sobretudo proteger nossos filhos e netos, para que vivam em paz e em harmonia com a sociedade. Não devemos mais aceitar segregação, agressões, violência por preconceito de qualquer espécie. Após a audiência no Senado, e ante as agressões diárias vindas dos fundamentalistas, eu, Laura e Cristina percebemos a necessidade de nos organizarmos. Ali surgia a semente do que viria a ser a Associação Brasileira de Famílias Homoafetivas (ABRAFH), que foi finalmente oficializada, cerca de dois anos depois, com a adesão de Rogério Koscheck e Ana Lucia Lodi, ambos do Rio de Janeiro, que assumiram o Conselho Diretor como presidente e diretora de Relações Institucionais, respectivamente. A ABRAFH nasceu para promover discussões maduras e incentivar a elaboração de leis e políticas sociais que nos contemplem – anunciou Marília, que assumiu a vice-presidência da Associação, como a pessoa de contato em Brasília.

Presenciei o início dessa história em Brasília, após a audiência. Estávamos na mesma mesa que a Dra. Maria Berenice Dias, que incentivava a iniciativa e ajudou a batizar a associação.

Apesar de ter entrevistado Marília no final de 2013, com o andamento da pesquisa, percebi que precisaria conversar um pouco mais com ela. Como não seria possível uma segunda viagem à cidade, utilizei os meios disponíveis – e-mail, Facebook e Skype – para conversar sobre algumas questões que tinham ficado em aberto.

★★★

Marília nasceu em Brasília, mas sua família advém de vários cantos do país. A mãe é potiguar, o pai é carioca, os avós maternos vieram do Ceará e do Rio Grande do Norte, e os avós paternos, de Minas Gerais. Seus pais se divorciaram quando ela tinha 4 anos, e Marília, muito ligada à família, costumava passar a semana ao lado da mãe e os fins de semana com o pai e os irmãos dos casamentos posteriores dele. Ao total, são seis irmãos, ou oito, pois ela inclui orgulhosamente na conta os dois outros filhos da segunda mulher de seu pai.

Ainda criança, Marília tinha verdadeiras paixões platônicas por celebridades, professoras e amigas. Porém, não entendia o porquê daquele fascínio ou interesse tão grande pelas mulheres.

Quando estava na oitava série, ela se apaixonou por uma menina de olhos "absurdamente" azuis, conforme conta. Sem entender direito o que sentia, ficava sempre muito nervosa ao vê-la e começou a dar chicletes Bubbaloos pra ela, querendo fazer amizade. A menina estranhou aquilo e sua reação deixou Marília desconcertada:

– Posso até ser sua amiga, mas o que vou pensar de você me mandando presentes assim?!

No ano seguinte, a menina saiu do colégio, e Marília se apaixonou por outra colega de sala, que virou sua amiga. "A adrenalina da paixão secreta, platônica, sempre me moveu na adolescência", ela me confessou.

Ainda durante essa fase, a paixão por esportes e a estatura fizeram com que Marília ingressasse em um time de basquete. Na equipe, ela tinha muitas amigas, mas uma delas era especial – jogava bem, era sensível, sabia se comunicar. Marília a admirava, inventava desculpas para sempre estar perto, mas nunca teve coragem de revelar seu fascínio por ela. Aos 18 anos, Marília mudou-se para a Bélgica com a mãe e passou a se corresponder por cartas com essa amiga, pois na época não havia e-mail e telefonar era caro. As cartas foram ficando mais e mais frequentes, diárias.

Foram dois anos de correspondências, afinidades, cumplicidade. A amiga tinha um namorado, sobre o qual também conversavam nas cartas, mas mesmo assim Marília resolveu se declarar: "E se as coisas se complicassem entre a gente?". A resposta foi simplesmente: "Já se complicaram do meu lado". O interesse e a expectativa cresciam de ambos os lados, até que Marília voltou e elas "ficaram", mesmo sem saber direito o que e como fazer. O encontro, depois de tantas cartas, foi emocionante, intenso, mas o pudor e a inexperiência foram mais fortes. Marília foi morar com os avós no Nordeste e, assim, o namoro não progrediu, apesar da intensidade do que sentiram.

No Nordeste, conheceu outras meninas e se apaixonou duas outras vezes, mas apenas uma foi correspondida. Mas o destino novamente impossibilitou a continuação de um namoro: sua namorada migrou para os Estados Unidos, onde mora até hoje.

Marília também voltou para a Europa. Cansada de sofrer por namoros com mulheres que não iam para frente, sempre pensava em tentar com homens. Assim, teve um namorado grego quando passou um tempo na Alemanha, e namorou um francês quando foi para a França. Até gostou das experiências que teve mas, de novo, os namoros não evoluíram, dessa vez por diferenças culturais. Mas ela admite que sempre preferiu os namoros com mulheres. "Elas são mais determinadas, intensas, sinceras, comprometem-se rapidamente", descreve.

Aos 24 anos, depois de viver na Europa e no Rio Grande do Norte, Marília decidiu retornar a Brasília e terminar o curso de Jornalismo. Na época, conheceu uma moça com quem namorou por três anos. A família ficou sabendo do namoro por acidente, mas Marília não se intimidou, assumiu a relação e elas chegaram a morar juntas.

A mãe de Marília, que mora na Alemanha, precisou de um tempo para processar a informação, mas depois aceitou e apoiou a filha.

— Mamãe é casada com um alemão. Quando soube de meu namoro com uma mulher, chorou por dias, temendo o preconceito que eu viria a sofrer. O marido não entendia qual era o problema. Acho que o contato com a cultura europeia – nórdica – ajudou-a a desmistificar o assunto.

O avô de 78 anos, um sisudo coronel do Exército, surpreendeu a todos quando soube:

— E daí? Não deixou de ser minha neta querida.

Por outro lado, a avó materna, assim como a tia de Marília, não reagiu bem à "descoberta". Ainda hoje elas têm um olhar meio atravessado para sua escolha, mas, no geral, a respeitam, e curtem muito os netinhos.

Depois desse namoro, Marília teve mais dois namorados e algumas namoradas, até conhecer Vanessa, em 2002.

★★★

Vanessa nasceu no Rio de Janeiro e cresceu em Brasília. Formou-se em Arquitetura e Urbanismo e nunca havia tido namoradas, no entanto seus namoros com homens também nunca tinham durado muito. Morava com os pais e trabalhava como autônoma quando conheceu Marília.

Na fila de entrada de um concerto de música clássica em Brasília, Marília avistou aquela moça de saia, echarpe, sapatos de bico fino e saltos altos, cabelos escuros e olhos claros, pela qual, imediatamente, sentiu-se atraída. Vanessa estava acompanhada de um amigo e Marília, de uma amiga, que, menos tímida, durante o coquetel oferecido após o concerto, logo as apresentou, puxou assunto, até que finalmente todos trocaram contatos. Marília não escondia o interesse por Vanessa, olhava-a fixamente e fazia perguntas pessoais. Vanessa logo percebeu e ficou surpresa com a própria reação; ao dirigir de volta para casa, nervosa, admitiu: "Estou interessada por aquela mulher!".

Marília queria reencontrar Vanessa. No entanto, para não abordá-la diretamente, enviou um e-mail para o amigo que foi com ela ao concerto, convidando os dois para ir ao cinema. Parte da frase do e-mail Marília escreveu em negrito:

"Vamos ao cinema? Eu, você **e a Vanessa**."

O rapaz ligou para Vanessa, leu o e-mail e lamentou não poder ir. "Mas eu posso", foi a resposta. Vanessa já tinha se debatido a noite toda sobre a possibilidade de um encontro, dividida entre a curiosidade e o medo do desconhecido – até decidir que não era mulher de fugir.

O filme não era romântico: *Cidade de Deus*, película brasileira dirigida por Fernando Meirelles. Durante o filme, Vanessa estava concentrada assistindo, quando Marília, inquieta, lhe perguntou:

–Você está entendendo que eu estou interessada em você?

Vanessa, sem tirar os olhos da tela, balançou a cabeça em sentido afirmativo.

A partir daquele dia, as duas começaram a sair com frequência e a conversar bastante. Cerca de 10 dias após o primeiro encontro, começaram a namorar. O jeito determinado e bem resolvido de Vanessa encantou Marília desde o início. Vanessa diz que não gosta de mulheres, que gosta de Marília. Isso foi o suficiente para tornar a relação possível e sólida.

Seis meses após o início do namoro, Vanessa saiu da casa dos pais e foi morar sozinha. Nos primeiros meses, Vanessa preferiu não dizer à família que estava namorando uma mulher, então sempre que comentava sobre o "namorado" em casa, usava um pseudônimo: Maurício. Marília frequentava a casa dos pais de Vanessa como se fosse uma amiga e assim foi até que, com um ano de namoro, elas foram morar juntas.

A irmã de Vanessa foi a mais receptiva. A mãe demorou um pouco a aceitar, mas hoje mantém um bom relacionamento com a "genra" (maneira como a mãe da Vanessa se referia a ela). O pai gostava de Marília, mas faleceu antes que o assunto fosse tratado abertamente. O irmão de Vanessa, mais machista, no começo ensaiou ficar chocado, mas, ao ver a firmeza com que a irmã se posicionou, logo cedeu e hoje também convive bem com Marília e com os sobrinhos.

Em 12 anos de relacionamento, Marília e Vanessa viveram poucas situações de constrangimento. Uma delas foi quando decidiram passar uma noite juntas em um hotel de Brasília e no check-in, apesar de terem reservado um quarto com cama de casal, um funcionário do hotel insistiu em lhes oferecer duas camas de solteiro. Para que o homem compreendesse, Marília teve de explicar claramente que elas eram um casal. Por outro lado, também já aconteceram situações curiosas, como na ocasião em que Vanessa conversava com uma amiga sobre Samuel, comentando como ele estava grande, ao que a amiga naturalmente comentou: "Deve ter puxado isso *da* Marília".

Desde que se uniram, Vanessa e Marília tinham vontade de formar uma família com filhos. Entretanto, somente depois de oito anos juntas, quando Marília passou em um concurso público, o sonho pôde ser concretizado. Por causa do alto custo do tratamento, elas preferiram esperar até que tivessem mais estabilidade financeira para que pudessem aumentar a família.

Ao ser dispensada do emprego anterior, Marília usou todo seu Fundo de Garantia por Tempo de Serviço (FGTS) e vendeu o carro para levantar o dinheiro necessário para pagar o procedimento de fertilização que planejavam fazer. A decisão de gerar os filhos foi tomada pelo desejo, tanto de Marília quanto de Vanessa, de passarem sua genética adiante. Como as duas já tinham mais de 35 anos, as chances de engravidar com um tratamento de inseminação artificial eram menores. Assim, optaram pelo tratamento mais caro, porém mais eficaz, que era a fertilização *in vitro*.

Como as duas queriam engravidar, elas decidiram que Vanessa faria o tratamento primeiro e, logo depois, Marília o faria. Com tudo encaminhado, faltava decidir a respeito do material genético que usariam na fertilização. Elas procuraram informações nos bancos de sêmen brasileiros, mas observaram que existiam poucos dados sobre os doadores e que, muitas vezes, não havia quantidade suficiente da amostra escolhida para vários tratamentos. E isso era importante porque elas queriam que os filhos tivessem o mesmo doador. Diante das dificuldades nos bancos nacionais, Marília e Vanessa começaram a pesquisar os bancos de sêmen internacionais, que continham mais informações sobre as famílias e sobre os antecedentes do doador. Finalmente, optaram por um doador cujas informações um dia pudessem ser conhecidas, se assim os filhos desejassem.

Vanessa fez fertilização *in vitro* e ficou grávida de um menino. Após o nascimento de Samuel, elas decidiram que não deveriam esperar muito tempo para a segunda gestação, pois Marília já estava com 39 anos. Quando o menino estava com 7 meses, Marília engravidou, na segunda tentativa de fertilização, dos gêmeos Mateus e Felipe. Após o nascimento das três crianças, e com todo o gasto nos procedimentos, o orçamento da família ficou mais apertado. Afinal, a família passou de duas para cinco pessoas.

As crianças chamam Marília de "Mami" e Vanessa de "Mamãe". Sempre que alguém lhes pergunta sobre o marido, pois elas usam aliança na mão esquerda, Marília começa dizendo que tem uma família moderna e logo complementa dizendo que não tem um marido, mas uma esposa e três filhos.

– Falar sobre o assunto logo de cara é melhor para não dar margem a fofocas – opina.

Uma ação de adoção unilateral está em vias de conclusão para que os meninos possam finalmente ter o nome das duas mães e os sobrenomes corrigidos nas certidões. No entanto, Marília me revelou que acha surreal que elas tenham que adotar os próprios filhos.

Ambas as famílias curtem as crianças sem distinção de quem as gerou; a mãe, o pai, os irmãos, os tios e a avó de Marília, assim como a mãe e os irmãos de Vanessa adoram os meninos. Todos apoiaram a decisão delas de terem filhos e hoje é uma alegria para eles ver a família maior.

★★★

– Ela é a mamãe, eu sou a mami. Aqui em casa somos duas mamães, e os meninos veem isso com naturalidade. Fazem perguntas e vão entendendo a história da nossa família, baseada em amor e respeito. É isso que transmitimos a nossos filhos: amor e respeito.

É assim que Marília descreve sua composição familiar. Moderna? Talvez. A família baseada no amor e no respeito sempre existiu, pelo menos desde o surgimento do Romantismo. A diferença é que, em vez de uma mulher e um homem, nessa casa são duas mulheres, ou uma mami e uma mamãe.

CAROLINA e MARIANA
Amo muito tudo isso

Na minha trajetória em busca de entrevistas para este livro, conheci, pelo Facebook, Carolina, de 38 anos. A sua foto de capa na rede social já estampava o orgulho pela família. Ela aparece, na fotografia, ao lado da esposa, Mariana, de 40 anos, e do filho delas, Enzo, de 4 anos. Entrei em contato com Carolina e falei sobre o projeto; ela aceitou na hora e me passou também o contato de Mariana. Conversamos bastante via rede social antes da entrevista, e ela foi me contando um pouco da história de sua família.

Em um sábado pela manhã, no início do mês de agosto de 2014, eu estava em frente à casa de Carolina, Mariana e Enzo, em Belo Horizonte. Após esperar um pouco em frente ao portão fechado, consegui entrar depois que uma moça o abriu para pôr o lixo fora. O terreno era bem grande e havia mais duas casas. Não sabia qual dos portões menores dentro do quintal era o da casa delas. Até que vi duas mãozinhas de criança fazendo um gesto, como de um "vem cá" atrás de um deles. Fiquei olhando sem saber quem era, e o gesto foi ficando mais forte, como se estivesse impaciente. De repente, Carolina apareceu atrás do menino e eu reconheci o pequeno Enzo.

Quando finalmente entrei na casa, o menino, muito falante, veio me cumprimentar junto de Carolina, que tinha tomado banho há pouco e estava penteando os cabelos loiros e molhados. Ela me pediu que esperasse na sala, enquanto terminava de se arrumar. Logo depois, Mariana veio me cumprimentar com um abraço e ficamos conversando até Carolina voltar. Ambas tinham uma característica parecida: um belo sorriso estampado no rosto. Loira, de bochechas redondas e olhos puxados,

Carolina usava óculos e vestia um short jeans com uma blusa listrada, que combinavam com uma manhã de sábado em casa. Já Mariana, que tem cabelo ondulado e castanho, assim como seus olhos, estava de calça capri e uma blusa de malha com desenhos em preto e branco. As duas pareciam muito contentes com a minha chegada e me fizeram acreditar na fama de acolhedor dos mineiros. A cadela da família, Nina Larah, observava toda a cena de dentro de um dos compartimentos da estante.

A casa era simples, mas muito organizada. Uma característica se repetia em todos os cômodos, que Mariana fez questão de me mostrar entusiasmada: a aplicação de adesivos decorativos muito bem elaborados nas paredes da sala, dos quartos e da cozinha. Ela me contou, orgulhosa, que sua esposa tinha feito todos eles. Eu já sabia do talento artístico de Carolina antes mesmo de entrar na casa, pois, ainda pelo Facebook, Carolina me contou que ela mesma confeccionava todas as fantasias de Enzo. Em um dos aniversários dele, os três se vestiram de personagens do filme *Toy Story*, e todas as fantasias foram feitas por ela.

Enzo fez questão que eu visse o quarto dele: espaçoso, cheio de brinquedos, com uma cama e um guarda-roupa. Os detalhes da mãe prendada estavam por toda parte, das paredes até uma pequena estante, em forma de caminhão, feita para guardar os carrinhos. Tudo confeccionado pela mãe Carolina.

As duas são professoras, mas trabalham em escolas diferentes de Belo Horizonte. Apesar de ser um sábado, Carolina teria de dar aula porque era um dia de reposição, e Enzo iria com ela, pois estuda nessa mesma escola. Para não demorarmos muito e eles não se atrasarem para a escola, começamos a entrevista na cozinha, enquanto Carolina preparava o almoço que, segundo ela, era uma típica comida mineira.

★★★

Carolina nasceu em Belo Horizonte mas, aos 7 anos de idade, seus pais, em meio a uma crise conjugal, decidiram se mudar para Vila Velha, cidade que fica na região metropolitana de Vitória, capital do Espírito Santo. A partida para uma cidade distante – na época, eles levavam 10 horas de ônibus para chegar a Vila Velha – foi bem difícil, pois toda a família de Carolina vivia em Belo Horizonte, e ela, a mãe e a irmã, na época com 6 anos, ficaram com bastante saudade da capital mineira e dos familiares que permaneceram lá. Em Vila Velha, Carolina ganhou mais um irmão, 10 anos mais novo que ela, mas mesmo com a mudança, seus pais se separaram; o pai acabou voltando para Belo Horizonte, mas a mãe e os filhos continuaram vivendo no Espírito Santo por mais de 15 anos. Carolina, no entanto, nunca deixou de querer voltar para Minas Gerais.

Aos 17 anos, Carolina tinha uma rotina muito agitada de trabalho e estudo, tanto que nem conseguiu dar muita atenção à prima Gabrielle quando ela estava em sua casa. Gabrielle morava em Belo Horizonte e foi passar uns dias na casa da prima com Mariana, uma amiga que ela tinha conhecido no grupo espírita que frequentava. Com um dia a dia movimentado, quando Mariana e Gabrielle foram embora, Carolina só tinha conseguido conversar com elas pouquíssimas vezes e sempre diálogos rápidos e aleatórios.

Carolina não costumava se envolver em namoros sérios, tinha alguns "rolos", mas só teve um relacionamento duradouro, que durou seis anos. Até então, todos eles com homens.

★★★

Nascida em Belo Horizonte e filha única, Mariana sonhava em ter uma irmã ou um irmão. Sua mãe tinha dificuldade para engravidar e demorou sete anos para conseguir tê-la. Ainda pequena, Mariana pedia, em todo aniversário, o mesmo presente: um irmão ou uma irmã. A vontade da menina de ter irmãos era tanta que ela inventava alguns imaginários e até dava nome para eles. Diante dos pedidos da filha, a mãe chegou a procurar uma criança embaixo dos bancos da Santa Casa de Misericórdia de Belo Horizonte, lugar conhecido na época pelos bebês que eram abandonados lá.

Finalmente, quando ela estava com 7 anos, seus pais decidiram adotar uma criança, mas um mês depois da adoção, a mãe de Mariana descobriu que estava grávida de um mês. Assim, em vez de uma, Mariana ganhou duas irmãs. E uma delas foi mesmo como presente de aniversário, pois nasceu no mesmo dia que ela. Um ano depois, sua mãe deu à luz mais uma menina. Agora eram quatro filhas, e Mariana não se sentia mais sozinha.

Com uma aparência tranquila, jeito paciente de falar, Mariana cresceu em uma família tradicional e religiosa. Seus pais, kardecistas, levavam as filhas ao centro desde pequenas; a doutrina espírita sempre fez parte da história da família. Foi em um centro espírita que Mariana frequentava que ela conheceu Gabrielle, prima de Carolina.

Elas viraram amigas e até chegaram a formar uma sociedade e viajaram juntas, nas férias, para Vila Velha. Lá, elas ficaram hospedadas na casa dos parentes de Gabrielle.

Aos 21 anos, Mariana já não morava mais com os pais. Desde os 14 anos, ela já tinha vontade de trabalhar, embora seu pai não permitisse que a filha começasse a trabalhar tão jovem. No entanto, mesmo diante da insatisfação do pai, Mariana começou a trabalhar cedo. Depois, quando já estava na faculdade de Pedagogia, ela tinha vontade de abrir uma escola e, novamente, o pai foi contra. Dessa vez, ela preferiu ir morar sozinha e tentar sobreviver por conta própria. Esse período coincidiu com o fim de um noivado de cinco anos e, como sua mãe gostava muito do ex-genro, afastar-se um pouco parecia-lhe a melhor opção naquele momento.

***

Cerca de 11 anos depois do encontro entre Carolina e Mariana em Vila Velha, Carolina voltou a Belo Horizonte. Agora com 28 anos, ela retornava à cidade com a qual sempre sonhara, mas por um motivo triste: sua avó estava muito doente e acabou falecendo em seguida. Durante o velório e o enterro, Mariana se aproximou muito de Carolina e a apoiou naquele momento tão difícil. A partir dali, elas se tornaram grandes amigas.

A amizade continuou mesmo quando Carolina voltou para Vila Velha e Mariana continuou morando em Belo Horizonte. Como naquela época falar ao telefone não era tão fácil, elas se comunicavam principalmente por e-mail. Foi quando a "amizade" se transformou em "namoro virtual". Com o tempo, só o e-mail não era mais suficiente, então as duas também começaram a trocar cartas, que escreviam em papéis coloridos, repletas de palavras carinhosas e letras de músicas românticas, especialmente as de Carolina, dotada, desde sempre, de dons artísticos. Carolina costumava até vender seus vales-transporte para comprar cartões telefônicos e ligar para Mariana.

Mariana, que sempre foi muito aplicada nos estudos da faculdade de Pedagogia, se viu, pela primeira vez, matando aula para conversar com Carolina. Em outro estado, Carolina não agia diferente. Também cursando Pedagogia, ela gastava horas das aulas escrevendo cartas de amor para Mariana. As duas usavam os computadores da faculdade para trocar e-mails. Uma mensagem era enviada e, quase imediatamente, chegava a resposta. E lá se iam horas.

Além de cartas e e-mails, Carolina também costumava enviar CDs para Mariana. Bem comunicativa, além de cursar Pedagogia, ela já trabalhava em uma escola e fazia participações na rádio Vila FM. Por sua desenvoltura no ramo da comunicação, ela gravava inúmeros CDs para a amada, além de confeccionar cadernos inteiros com declarações de amor. Em um deles, Carolina confessou que estava dando aula, mas só conseguia pensar em Mariana e por isso resolveu fazer um caderno de declarações de amor. Durante a aula!

Mariana e Carolina guardam até hoje as cartas, os e-mails impressos, cadernos, CDs e outras coisas que fizeram parte da história delas. A pasta que guarda as centenas de e-mails que trocavam traz, na capa, escrita por Carolina com sua letra mais caprichada, a frase:

"Amo muito tudo isso."

O slogan do McDonald's foi usado por elas para recordarem os momentos vividos juntas. Carolina chegou até a ir a uma loja da rede só para pegar uma daquelas lâminas de bandejas com a frase impressa. Como não quiseram vender somente o papel, ela acabou comprando um lanche e, assim, conseguiu a lâmina, que serviu para estampar a capa de um cartão feito por Carolina para presentear Mariana.

★★★

Com o passar do tempo, a distância começou a ser um empecilho muito maior para as duas. A vontade de estar perto, de se verem todos os dias, não estava sendo suprida pela troca de cartas e e-mails. Então, em 2005, Carolina se mudou definitivamente para Belo Horizonte.

Ela e Mariana foram morar juntas em um apartamento alugado e aí é que passaram a se ver e se entender como família homoafetiva. No início, era difícil até mesmo para elas se compreenderem assim. Com a mudança, Carolina também transferiu o curso para terminar a faculdade em Minas Gerais. Elas tinham uma rotina corrida, as duas estudavam e trabalhavam, mas o dinheiro não era suficiente para arcar com todas as despesas. Então a mãe de Mariana propôs que elas fossem morar na casa de aluguel que ela tinha nos fundos de sua própria casa e que estava vaga. Lá elas não pagariam aluguel e poderiam guardar dinheiro para ter um lugar só delas no futuro. Inicialmente, Mariana não queria aceitar a proposta da mãe, mas conversou com Carolina e elas decidiram aceitar pelo menos enquanto terminavam a faculdade.

Nessa fase, as famílias de Mariana e Carolina já sabiam que elas moravam e iriam continuar morando juntas. Na casa de Mariana, a conversa sobre o assunto veio aos poucos, sem precisar que ela conversasse diretamente com os pais. A princípio, sobretudo aos olhos de sua mãe, elas deveriam ter alguma espécie de distúrbio. No entanto, logo os familiares de Mariana acolheram Carolina como parte da família.

Já Carolina viu a necessidade de falar abertamente para os pais que estava apaixonada por Mariana. Como tinha namorado um homem por seis anos, a relação com uma mulher deixou os pais surpresos. Sua mãe, que aparentava ter muita abertura com os filhos sobre diversos assuntos e um comportamento mais jovial, após saber do relacionamento da filha, demonstrou uma postura mais ciumenta do que intolerante, e a relação entre ela e Carolina ficou abalada por cerca de três anos. Ela evitava até ir a Vila Velha visitar a mãe, e elas só se falavam por telefone. Para Carolina, não querer Mariana por perto era também não a querer.

Com o pai, a conversa teria de ser diferente. Por ter um jeito mais mandão e intolerante, Carolina e todos acreditavam que seria mais difícil contar a ele sobre sua relação. Alguns membros da família achavam até que ele iria "matá-la" quando descobrisse. De fato, os três primeiros meses após a conversa com o pai foram tensos. Ele perguntava diariamente à filha por que ela estava fazendo aquilo, por que estava largando tudo. Mas Carolina não achava que estava deixando nada para trás nem fazendo nada de errado, então simplesmente deixava o pai falando sozinho; não respondia mais quando ele falava sobre seu relacionamento. Pouco mais de três meses depois, ele parou de tocar no assunto, para a surpresa da filha.

★★★

Em um dos cadernos de declarações de amor que Mariana recebeu de Carolina e que guarda até hoje, uma meia de bebê está colada em uma das páginas. A meia representava um dos sonhos de Carolina: ser mãe. Ainda muito jovem e solteira, ela se cadastrou e se habilitou para a adoção, pois não pode gerar filhos por causa da diabetes. A diabetes de Carolina foi diagnosticada tardiamente (aos 16 anos); tardiamente porque ela a tinha desde que nasceu e, por isso, tinha disfunção sistêmica e, caso engravidasse, tanto ela quanto o bebê corriam risco de vida. O sonho foi partilhado por Mariana, que, assim como Carolina, não pode gerar filhos por ter endometriose[9] de grau elevado, tendo passado por diversas cirurgias. Elas acreditavam que a família só estaria completa quando tivessem uma criança.

O tempo foi passando, as duas continuavam morando na casa da mãe de Mariana, trabalhavam e cursavam os períodos finais na mesma faculdade, inclusive fizeram a monografia final juntas. Todavia, logo após a formatura, a vida delas mudou completamente: em um dia muito frio – os termômetros registravam oito graus na cidade – o filho delas "nasceu".

Carolina e Mariana foram conhecer Enzo quando ele tinha apenas dois dias de vida. O bebê foi registrado apenas por Carolina, pois era ela quem tinha a habilitação, e assim que saiu do hospital foi morar com suas duas mães. Como todo recém-nascido, Enzo necessitava de muitos cuidados especiais, mas a situação financeira de suas mães ainda era muito complicada na época e elas não tinham condições de comprar as latas de leite de que o menino necessitava. Cada lata custava, em média, R$ 29,00 e durava apenas quatro dias.

Assim, quando alguém ia visitar Enzo e ligava ou lhes perguntava o que levar para presenteá-lo, elas falavam sempre a mesma coisa: leite! A história de que elas precisavam desse leite, que era caro, foi se espalhando e todos que iam visitar o menino levavam uma lata de leite. Um dia, quando só tinham leite para mais uma mamadeira, e sem querer pedir dinheiro à família de Mariana, as mães de Enzo receberam uma visita inesperada: a orientadora da monografia delas foi visitá-las e disse que, sem saber o que levar, seguiu o conselho da mãe da professora. A professora chegou na casa com três pacotes de fraldas descartáveis e seis latas de leite. Problema resolvido.

Carolina guardou todas as latas de leite que o filho ganhou e anotou no fundo de cada uma a data e o nome de quem presenteou. No aniversário de um ano de Enzo, as mães decidiram fazer uma homenagem a todos que lhes ajudaram nos primeiros meses de maternidade. Como tinham todas as latas datadas e com o nome de quem deu, elas personalizaram cada uma das latas com uma foto de quando a pessoa foi visitar Enzo. Todos, na festa, ficaram surpresos com a homenagem. Até quem

---

[9] "Endometriose é uma afecção inflamatória provocada por células do endométrio que, em vez de serem expelidas, migram no sentido oposto e caem nos ovários ou na cavidade abdominal, onde voltam a multiplicar-se e a sangrar" (VARELLA, Drauzio. *Endometriose*. Disponível em: <http://goo.gl/yOZjhz>. Acesso em: 9 fev. 2016).

não tinha dado lata nenhuma queria receber a lembrança, mas ela era destinada somente aos que as presentearam com as latas de leite.

Após o nascimento de Enzo, Mariana e Carolina fizeram um acordo: ambas se dedicariam à maternidade, mas uma delas não trabalharia para poder dar mais assistência ao bebê. Como Carolina já era aposentada (por invalidez, em decorrência da diabetes) e possuía renda fixa, ela ficaria em casa com Enzo, e Mariana continuaria trabalhando como professora.

Como passava muito tempo em casa, Carolina ficava horas na extinta rede social Orkut. Um dia, postou em seu perfil uma foto da família: ela, Mariana e o pequeno Enzo. Após assumir sua família publicamente na rede social, Carolina teve contato pela primeira vez com outra família homoafetiva. Era um casal de mulheres de Juiz de Fora que tinha uma filha de apenas 3 meses.

A amizade e a identificação foram imediatas. Carolina ficou encantada ao conhecer uma família semelhante à sua e que estava a apenas três horas de distância. Animada, ela contava sobre as novas amigas para Mariana, mas a esposa não achava seguro ficar criando amizade pela internet e pensava que tinha chegado a hora de Carolina voltar a trabalhar.

Além de não achar seguro, Mariana ainda tinha receio de expor a sua composição familiar. Ela não se sentia confortável com a possibilidade de que seu relacionamento pudesse ser exposto para o seu espaço de trabalho, pois acredita que no ambiente escolar existe muito mais preconceito do que em outras áreas profissionais. E, como ela é professora de crianças e leciona principalmente em escolas privadas, o receio era maior e ela preferia se resguardar. Mesmo na época da faculdade, quando alguém questionava o que elas eram uma da outra, Mariana respondia, quase imediatamente, que eram irmãs. No início, Carolina ficava brava, mas, com o tempo, não falava mais nada. Em uma ocasião, uma professora delas achou graça e ironizou que o sobrenome delas era mesmo "igualzinho" para serem irmãs.

Mas, sem escutar Mariana, e com os laços de amizade se estreitando com a família de Juiz de Fora, certa noite Carolina ligou a webcam e chamou a esposa para conhecer Piu, Ti e a pequena Mariah. Ao conhecer uma família como a sua, Mariana começou a refletir que devia ter por aí inúmeras famílias como a delas, e que não eram extraterrestres!

As duas famílias fizeram uma grande amizade. Hoje, Enzo e Mariah são amigos, mandam presentes um para o outro, se veem pessoalmente e as famílias seguem partilhando as alegrias e as adversidades do dia a dia dessa composição familiar.

★★★

Atualmente, as famílias de Mariana e de Carolina aceitam a constituição familiar delas, e Enzo tem tias, tios, avô, avó e uma prima, como qualquer criança. Desde muito pequeno, o menino estuda na escola em que Mariana trabalhava como professora. De personalidade forte, ele costuma ser um dos líderes nas brincadeiras e gosta de agregar todas as crianças, sem deixar que ninguém fique excluído ou de lado. Mariana e Carolina têm orgulho do comportamento do filho, mas também receiam o que ele pode encontrar pela frente em termos de preconceito.

Em uma ocasião, por exemplo, a mãe de um aluno dessa escola questionou a diretora sobre como iria explicar ao filho que ele era obrigado a conviver com uma criança que tinha duas mães. Elas não sabem qual foi a resposta da diretora à mãe indignada, mas, no ano seguinte, quando Mariana foi trabalhar em outra escola, a mesma diretora convidou Carolina para ir trabalhar lá. Ela aceitou e está lá até hoje. A resposta deve ter sido essa.

Enzo tem uma relação muito boa com suas quatro tias e com o tio. A irmã de Carolina, que é evangélica, e seu irmão, que sempre foi muito tranquilo em relação à família da irmã e considera Enzo como um filho, são os padrinhos do garoto e têm uma relação estreita com o afilhado, enchendo o sobrinho de mimos e muito amor. Inclusive, na celebração do Dia dos Pais na escola, é para o tio que o sobrinho faz lembranças e cartões.

Enzo nunca reclamou do fato de não ter um pai e, sim, duas mães, mas já questionou o porquê disso. Mariana e Carolina, então, explicaram que existem diversos tipos de família e mostraram ao filho *O livro da família*, do autor e ilustrador infantil Todd Parr, que trata do tema de maneira lúdica. Mas Enzo também conhece, na prática, composições familiares diferentes: amigos que têm pai e mãe, amigos que têm duas mães, como ele e Mariah, e crianças que têm só a mãe ou só o pai, como o Pinóquio, personagem que ele mesmo identificou como tendo uma composição familiar distinta da sua.

Um dia, quando estava chateado por ter de esperar com Carolina na fila do banco, uma senhora, que estava atrás deles, questionou por que ele estava tão emburrado:

– Tadinho! Deve estar com saudade do papai, né?!

Ele, que estava nos braços da mãe, com a cabeça deitada no ombro dela, levantou a cabeça na hora, olhou para a mulher e disse:

– Não. Eu não tenho pai!

A senhora, ainda com mais cuidado, perguntou o que tinha acontecido. Enzo, já impaciente com as perguntas, respondeu rapidamente:

– Eu tenho DUAS mães!

★★★

O dia foi 11 de dezembro de 2013; o cenário, o auditório da Defensoria Pública do Estado de Minas Gerais. A data, que poderia ser só mais uma do calendário, significou muito para os 61 casais homoafetivos que estavam presentes no casamento coletivo organizado pela Defensoria de Belo Horizonte.

Com tudo preparado pelo órgão judiciário, a ocasião reservou tudo aquilo a que os noivos e as noivas tinham direto: os casais foram recebidos no auditório com tapete vermelho e ao som da banda da Polícia Militar, a certidão de casamento foi entregue junto de uma rosa e um bem-casado, símbolo da união entre duas pessoas por meio do amor, da cumplicidade e da compreensão. Cada casal tinha direito a cinco convidados e, depois da cerimônia, houve uma celebração com bolo, refrigerante, fotografias, discursos, chuva de arroz e todos os rituais presentes em um casamento "tradicional".

Carolina e Mariana eram um dos casais de noivas presentes na cerimônia. Elas esperaram ansiosamente pelo dia em que receberam a certidão de casamento em nome das duas. Para elas, não era só um papel, era a concretização de um direito e a oportunidade de lutar por novas conquistas, como a garantia de que duas mães ou dois pais possam registrar seus filhos com os nomes de ambos. E foi isso que Carolina desejou, ao tomar a palavra no microfone colocado no auditório e falar sobre a importância daquele momento e da necessidade ainda existente do reconhecimento e da proteção das famílias homoafetivas. A plateia de noivos e noivas aplaudiu, entusiasmada, suas palavras.

O casamento coletivo contou com casais de mulheres e homens, que tiveram a chance de realizar um sonho, uma conquista, uma luta ou até mesmo um capricho. Para as noivas Mariana e Carolina, o casamento significou a regularização de vários aspectos que, a partir daquele momento, elas poderiam usufruir e buscar como família perante a lei. Após a conquista do estado civil de casadas, agora elas estão planejando colocar o nome das duas na certidão de nascimento de Enzo, já que, na época do registro, a habilitação da adoção era só de Carolina.

★★★

    Quando o assunto é a segurança e a felicidade do filho, o medo do preconceito de hoje e, principalmente, de amanhã ainda está muito presente, apesar de Mariana e Carolina conhecerem e participarem de grupos e encontros de famílias homoafetivas. Elas acreditam que o ambiente escolar exige ainda mais cuidado ao falar e expor sua família. Essa preocupação já existia antes do nascimento de Enzo e, após sua chegada à família, tornou-se ainda mais latente.

    Durante a entrevista, Carolina afirmou que é verdadeiro o ditado de que, quando uma mulher vira mãe, ela também vira uma onça para defender o filho. Achando graça, Mariana sorriu para mim e disse:

– Mas ela sempre foi.

E Carolina respondeu, imediatamente:

– Então, agora sou uma onça e meia!

JULIANA e PRISCILA
A história das narradoras de história

Durante a minha estadia na cidade de São Paulo, fui entrevistar as atrizes Priscila, 34 anos, e Juliana, 33 anos. Elas moram no bairro do Ipiranga, bem próximo ao Monumento à Independência do Brasil, inaugurado em 1922 em homenagem ao centenário da proclamação da independência do país, no local onde Dom Pedro I a teria anunciado. O nosso encontro tinha sido marcado pela internet com bastante antecedência, já que elas tinham me avisado que só poderíamos nos encontrar durante a semana, pois trabalham aos sábados e domingos. Conheci a dupla de atrizes na comunidade de famílias homoafetivas e fiz a proposta da entrevista para Priscila, que é casada com Juliana e são mães das gêmeas Luna e Maia, na época com 3 anos.

Fui entrevistá-las em uma segunda-feira do mês de agosto de 2014. Fazia calor em São Paulo e a entrevista foi marcada para a parte da tarde. Como eu estava hospedada em um bairro mais distante, que ficava na cidade de Santo André, tive de sair bem mais cedo do que o horário combinado. Por volta das 10 horas, eu e meu primo Marcos, que estava me acompanhando naquele dia para que eu não corresse o risco de me perder em uma cidade tão grande, pegamos várias conduções para chegar ao bairro do Ipiranga.

Eram quase 13 horas quando encontrei o prédio onde seria a entrevista. Paramos em frente ao portão, olhei para meu bloco de anotações e conferi o nome do edifício no endereço que havia escrito. Era ali mesmo. Tinha combinado de encontrá-las às 14 horas, mas eu não conseguiria esperar uma hora ali fora, como se ainda não tivesse chegado. Então, entramos no hall do prédio, e o porteiro, que estava sentado atrás de uma mesa que tinha uma pequena TV em cima, perguntou com um sorriso no rosto aonde nós iríamos. Eu expliquei, ele interfonou e nos autorizou a subir.

O prédio era antigo, mas parecia ter sido reformado recentemente. Quando chegamos ao apartamento, fomos recepcionados por Priscila, Luna e Maia. Priscila nos recebeu um tanto agitada e foi tirando objetos daqui e dali, ao mesmo tempo em que chamava as crianças para terminar de arrumá-las para a escola. Percebi, imediatamente, que tinha sido um erro chegar com uma hora de antecedência.

Enquanto isso, Juliana permaneceu na cozinha fazendo alguma comida para as meninas, e de trás do balcão nos cumprimentou, calma e sorridente. Ficamos sentados no sofá observando a movimentação, enquanto elas terminavam de dar comida às crianças e organizavam seus materiais da escola. Enquanto as mães "enlouqueciam", Luna e Maia brincavam sem parar, conversavam conosco e mostravam coisas aleatórias. De repente, Luna, que tem olhos azuis e cabelo curtinho e loiro, cantou uma cantiga de ninar para sua boneca, para que ela pudesse ser guardada com mais conforto em sua mochilinha da escola. Maia, que pareceu mais serelepe, apesar de ser irmã gêmea de Luna, tem cabelos pretos e olhos em um tom de verde-escuro. As meninas não se parecem fisicamente porque são gêmeas bivitelinas, ou seja, não são idênticas,[10] mas se assemelham, cada uma, às características físicas de suas mães. Priscila é branca e tem os cabelos bem pretos e cheios, assim como Maia. Juliana tem os olhos e cabelos castanho-claros, e é mais parecida com Luna.

Eu já tinha visto fotos da família no Facebook e achei muito interessante as meninas serem tão diferentes uma da outra e tão parecidas com as mães. Juliana e Priscila dirigem e atuam em sua própria companhia, produzindo espetáculos teatrais, narração de histórias, oficinas e atividades teatrais e lúdicas para crianças.

Maia e Luna terminaram de comer seus morangos, as mães ajeitaram os últimos preparativos e Juliana me avisou que as levaria à escola,

---

[10] "Os gêmeos não idênticos são formados pela fecundação de dois óvulos por dois espermatozoides. Na verdade, podem ou não ter o mesmo sexo e equivalem a duas gestações que se desenvolvem ao mesmo tempo e no mesmo ambiente. Já os univitelinos ou idênticos formam-se quando um único óvulo, fecundado por um só espermatozoide, sofre posteriormente uma divisão. Logo, gêmeos idênticos têm necessariamente mesma carga genética e mesmo sexo" (BRIZOT, Maria de Lourdes. *Entrevista – Gêmeos*. Disponível em: <http://goo.gl/cwDIt5>. Acesso em: 9 fev. 2016).

mas logo estaria de volta para nossa entrevista. Assim que as três saíram, Priscila explicou que, àquela hora, era sempre uma loucura, porque era o momento em que elas estavam de saída. Eu pedi desculpas por chegar mais cedo que o combinado, mas, na verdade, gostei de ter me adiantado, caso contrário não teria conhecido as gêmeas. Ela disse que programou a entrevista para o período em que as meninas estivessem na escola, porque a agitação delas poderia atrapalhar, mas que achou legal eu tê-las conhecido.

O apartamento da família tem piso de madeira na cor caramelo e uma sala quase integrada com a cozinha, dividida por um balcão e um portãozinho branco, desses que impedem a passagem de crianças. O sofá da sala estava coberto com uma manta colorida, onde a cachorrinha Nina costuma dormir.

Priscila e eu ficamos papeando até a chegada de Juliana, quando, em meio a goles de café, iniciamos uma longa conversa que durou quase até a hora da volta das crianças para casa, por volta das 17h30.

★★★

Priscila nasceu em Tucuruí, cidade localizada no estado do Pará, mas o resto da sua família não é paraense. Suas duas irmãs mais velhas, por exemplo, nasceram no estado do Amapá. O motivo de cada uma ter nascido em um lugar diferente era o trabalho do pai, que é engenheiro e costumava morar em diversos lugares, de acordo com o serviço que estava realizando. Na época em que Priscila nasceu, o pai estava trabalhando na construção da Usina Hidrelétrica de Tucuruí.

Quando estava com 5 anos, Priscila se mudou para São Paulo com a família, pois o pai acreditava que seria melhor para as filhas estudarem nessa cidade. Alguns anos depois, a mãe e o pai decidiram se mudar, definitivamente, para o estado do Mato Grosso do Sul, já que a maioria da família da mãe de Priscila era desse estado, e ela possuía terras lá.

A mudança aconteceu aos poucos, até que, quando Priscila terminou a faculdade de Artes Cênicas, os pais já estavam morando definitivamente no Mato Grosso do Sul. Priscila ficou vivendo em São Paulo com uma de suas irmãs, mas hoje é a única que continua na cidade. Depois dos pais, uma das irmãs também se mudou para o Mato Grosso do Sul, e a outra irmã foi morar no Canadá.

★★★

Praias, cavernas, cachoeiras, trilhas e roteiros de muita aventura fizeram parte da infância de Juliana. Ela nasceu na cidade de São Paulo e, com as duas irmãs mais novas, a mãe e o pai, cresceu viajando e vivendo momentos de diversão e agitação ao lado da família. Seus pais e avós sempre foram muito presentes na vida dela e das irmãs.

Os pais de Juliana são professores de Educação Física e sempre viajavam com as filhas para os mais diversos lugares. Juliana foi crescendo com uma personalidade muito tranquila e desencanada. Na juventude, costumava curtir o máximo que podia.

***

Quando Priscila estava com 17 anos, e concluindo seu curso técnico em Artes Cênicas, conheceu Juliana, que também estudava na mesma escola. No dia do espetáculo de formatura da classe de Priscila, Juliana estava presente, pois era amiga de algumas pessoas da turma. E foi por causa de uma dessas amigas em comum que Priscila apareceu em uma festa na casa de Juliana.

Elas não viraram amigas nessa época, apenas se conheceram. Cerca de dois anos depois, Priscila foi dar aula nessa mesma escola de teatro em que estudou e reencontrou Juliana, que já era professora de teatro para crianças. Como compartilhavam o mesmo ambiente de trabalho, elas passaram a conviver, fizeram amizade e começaram a sair juntas. Entre outros locais, costumavam ir a shows de forró.

Nesse período, Juliana ficava com meninos e meninas, mas não se declarava bissexual. Quando questionada, a resposta era:

— Tanto faz!

Priscila, por sua vez, só havia namorado meninos até então e os seus namoros costumavam ser longos. Ela não gostava da ideia ir para a balada e "ficar"; preferia ter relacionamentos mais sérios. No entanto, ela parecia curiosa com a sexualidade de Juliana e sempre lhe perguntava como era ficar com mulheres. Juliana respondia, mas não entendia o porquê de tanta curiosidade.

Nessa época, Juliana namorava um rapaz e, por isso, não estava "ficando" com mulheres. Mas o relacionamento acabou em fevereiro, bem no mês do aniversário de Juliana, e ela e Priscila foram convidadas para uma festa num sítio de uma amiga em comum.

Como as duas já eram bem próximas, Juliana considerava Priscila uma grande amiga, mas, durante a festa, elas conversaram bastante e ficaram ainda mais íntimas. Nessa mesma festa, Priscila percebeu que gostava de Juliana de uma forma especial, diferente. Algo que ia além de amizade.

Priscila passou cerca de dois meses "dando em cima" de Juliana, discretamente, mas foi em vão. A amiga não percebeu nada até que Priscila não aguentou mais e a beijou. Antes do beijo e da declaração, Juliana nem desconfiava que poderia haver algum sentimento por parte de Priscila, já que, para ela, a amiga era heterossexual.

★★★

Quando pequena, Priscila tinha uma "irmã de consideração", uma moça chamada Almerinda, que vivia em sua casa. Seus pais levaram a menina, que antes residia no campo, para morar com a família e ajudar nas tarefas domésticas. Apesar de não ser considerada como filha, tinha direito às mesmas coisas que as três filhas do casal. Como Priscila era muito pequena, ela via Almerinda como uma irmã, apesar de saber que não era. Mas, quando estava com 8 anos, e Almerinda com 17, a moça saiu de casa e nunca mais voltou. Na época, Priscila não entendeu o ocorrido e sua mãe só lhe explicou quando ela já era adulta.

Certa vez, Almerinda tinha dito que iria em uma viagem da escola, mas, na verdade, tinha saído com uma mulher, com quem estava namorando. Quando o pai de Priscila descobriu o namoro da garota, pediu que ela escolhesse entre a namorada ou ficar na casa. Então, ela foi embora. O pai de Priscila tinha medo que o relacionamento homoafetivo de Almerinda pudesse influenciar suas filhas.

Depois de 10 anos, quando Priscila descobriu a história do porquê da saída de Almerinda de casa, ela não achou que a irmã de consideração tinha feito qualquer coisa errada, pois tinha vários amigos homossexuais e não via problema nenhum nesse tipo de identidade afetivo/sexual. Mas, até então, nunca achou que poderia ser também, apesar de ter, lá no fundo, certa curiosidade.

Após o fim de um de seus relacionamentos, Priscila decidiu que não queria mais se envolver seriamente com ninguém. Queria mesmo era curtir. Nessa mesma fase, ela também ficou bem próxima de Juliana e decidiu que, já que estava curtindo a vida, por que não experimentar? Tinha curiosidade, não via nada de errado. Decidiu que queria experimentar ficar com meninas. "Não custava nada", pensou.

Quando soube que Juliana ficava com mulheres, Priscila achou muito interessante e aquilo atiçou ainda mais sua vontade. Até que percebeu que estava interessada em Juliana e então ficava pensando em como daria em cima dela. Passava horas bolando estratégias para que a "amiga" percebesse seu interesse. Com o tempo, achava que Juliana já tinha entendido suas reais intenções.

Certo dia, depois de cerca de dois meses de "investidas" de Priscila, Juliana não entendeu quando a amiga chegou perto dela para beijá-la:

– Tem certeza? – Juliana perguntou, ainda sem entender o que estava acontecendo.

Na cabeça de Priscila, era perceptível que ela estava a fim, mas Juliana tinha receio de que a amizade das duas acabasse. Depois do primeiro beijo, elas "ficavam" com frequência. No entanto, como Priscila estava em uma fase de desapego e Juliana também ficava com meninos, elas decidiram que teriam uma espécie de "amizade colorida" e fizeram um trato: podiam ficar com qualquer menino, mas não com outras meninas. Trato feito, elas continuaram se relacionando, mas também "ficavam" com alguns garotos. No entanto, quando Priscila percebia que Juliana estava se envolvendo demais no relacionamento delas, tratava de deixar claro que não havia nada sério.

Até que um rapaz com quem Juliana estava ficando na época começou a se apaixonar por ela. Priscila, atenta à situação, ficou com ciúmes de Juliana, mas não dizia nada. O rapaz pediu Juliana em namoro e a convidou para ser madrinha de casamento, junto dele, no matrimônio de seu irmão. Antes de dar a resposta, ela contou o que estava acontecendo para Priscila e deu um ultimato.

Juliana perguntou o que Priscila queria de verdade. Porque, caso não quisesse nada sério, ela iria aceitar o pedido de namoro. E se aceitasse, não poderia mais ficar com Priscila. Ainda meio confusa, Priscila falou que queria ficar com Juliana e elas assumiram um compromisso de não se relacionarem mais com outras pessoas. Juliana negou o pedido de namoro do rapaz e começou a namorar Priscila, mas ninguém, além delas, sabia do relacionamento.

Aos 24 anos, Juliana resolveu sair da casa dos pais e ir morar mais perto da faculdade; após encontrar uma casa, perguntou se Priscila queria ir morar com ela. Na época, Priscila vinha se desentendendo com a irmã com quem morava e aceitou a proposta da namorada. Na casa, elas montaram dois quartos. Para elas, não era casamento. Eram duas namoradas morando juntas. Para as outras pessoas, eram duas amigas dividindo uma casa.

Mas, logo depois, elas começaram a ver que, na verdade, estavam mesmo casadas. Dormiam sempre no mesmo quarto, faziam as mesmas coisas. Era um casamento. Ao perceber isso, Priscila se perguntou o que faltava para que elas fossem mesmo casadas e chegou à conclusão de que só faltava juntar as contas. E Juliana aceitou.

Após a junção das contas, elas resolveram fazer uma festa de casamento e, finalmente, contar às pessoas que estavam juntas. Antes da festa, apenas três pessoas sabiam que elas eram um casal. Priscila e Juliana começaram a montar a lista de convidados para a cerimônia; elas estavam pensando em algo pequeno que seria realizado na casa delas mesmo. Inicialmente, seriam 17 convidados. Depois, a lista foi aumentando e chegou a 56 pessoas, as quais não caberiam mais na casa. Decidiram, então, escolher outro lugar e a lista chegou a mais de 100 pessoas.

A dúvida que pairava sobre a cabeça delas era de como entregariam o convite de casamento se as pessoas nem sabiam que as duas eram um casal. Como seria muito trabalhoso contar a todos que elas namoravam e depois entregar o convite, decidiram entregar já dizendo que eram um casal homoafetivo. Elas acharam que, entregando o convite de casamento, já ficaria claro que era um relacionamento sério e afastaria pensamentos em relação à promiscuidade ou coisas do gênero, que era o que elas temiam. Quando os amigos e as amigas abriam os convites, diziam que já desconfiam ou faziam alguma piada, para não transparecer que tinham sido pegos de surpresa.

Em 2007, Juliana e Priscila realizaram a cerimônia religiosa no centro de umbanda e mesa branca que Juliana frequenta, com a presença de poucos amigos e familiares. Uma semana depois, elas realizaram a celebração do casamento em um galpão, uma amiga fez o brinde às noivas e encaminhou uma dança circular.[11] Os pais de Juliana pagaram o bufê da festa; um amigo DJ ofereceu a iluminação e o som; outro amigo, que trabalhava com floricultura, encarregou-se dos enfeites das mesas e dos buquês; uma amiga fotógrafa e um amigo cinegrafista registraram a celebração; outra amiga, figurinista, desenhou os dois vestidos e deu de presente ao casal. As roupas foram criadas com base na personalidade de cada uma e não possuíam um estilo tão tradicional.

Durante a entrevista, elas me mostraram as fotos de toda preparação para a cerimônia religiosa e para a festa de casamento. O que mais me chamou a atenção nas fotos foram as expressões nos rostos de todos. A emoção e felicidade eram partilhadas pelas noivas e por todos os convidados.

---

[11] "A dinâmica das Danças Circulares Sagradas é simples. Ensina-se o passo, treina-se em roda, depois dança-se a música e aos poucos as pessoas começam a internalizar os movimentos, liberar a mente, o coração, o corpo e o espírito" (*Dança circular – O que é?* Disponível em: <http://goo.gl/Qioxp3>. Acesso em: 9 fev. 2016).

Na festa de Juliana e Priscila, nenhum dos amigos que foram convidados faltou. Elas acham que algumas pessoas não faltaram por curiosidade, e outras porque o evento era quase um ato político.

Quando as noivas deixaram a lista de presentes nas lojas, perceberam que os atendentes ficavam curiosos ou desconcertados com aquela lista em nome de duas mulheres sem nenhum noivo. Os convidados, quando iam comprar os presentes, passavam pela mesma situação ao explicar que eram duas noivas. Para elas, foi uma espécie de desafio pelo qual todos tiveram de passar. Em 2007, ano em que a celebração foi realizada, ainda não existia a possibilidade legal da união estável[12] entre pessoas do mesmo sexo no Brasil.

★★★

Assim que decidiram realizar a celebração, Priscila e Juliana também resolveram que havia chegado a hora de contar às suas famílias sobre o relacionamento. Como os pais de Juliana também moravam em São Paulo, ela foi a primeira a contar. Reuniu a mãe, o pai e as irmãs em volta de uma mesa e começou a chorar antes mesmo de começar a falar. Entre lágrimas e soluços, Juliana falou que não queria decepcionar a família, pelo contrário, queria que eles tivessem orgulho dela, da forma como escolheu ser feliz. Contou que era apaixonada por Priscila, que elas iriam casar e que gostaria muito da presença deles no casamento. Apesar de ser de uma família considerada conservadora, o pai de Juliana pediu que a filha parasse de chorar, já que estava feliz. A mãe, que gostava muito de Priscila, também não teve uma reação negativa e disse que daria o bufê da festa. As irmãs de Juliana também aceitaram bem o relacionamento das duas. Os pais, as irmãs e uma tia de Juliana foram ao casamento.

Como a família de Priscila morava no Mato Grosso do Sul, elas tiveram de viajar para contar sobre o relacionamento e sobre o casamento. Priscila estava receosa de ir sozinha e pediu que Juliana a acompanhasse. Por mais que as duas achassem que já tinham dado pistas para que os pais se preparassem para a notícia, a distância não ajudou. A conversa foi bastante complicada e os pais de Priscila não reagiram bem ao saber da relação da filha com outra mulher.

---

[12] O STF reconheceu a União Estável entre pessoas do mesmo sexo no Brasil no dia 5 de maio de 2011. Ver em: <http://goo.gl/10xfNZ>. Acesso em: 9 fev. 2016.

★★★

A decisão de ter filhos demorou um pouco, porque, apesar de ambas sonharem com a maternidade, acreditavam que para ter filhos seria necessário se assumirem totalmente perante a sociedade. A partir do momento em que decidissem ser mães, elas precisariam mudar. Não que escondessem a relação, mas, às vezes, ainda a omitiam, e com filhos seria necessário sempre se assumir como família homoafetiva.

Elas foram trabalhando, aos poucos, sobre como falariam com as pessoas, como lidariam com as situações que porventura tivessem de enfrentar, até que decidiram que havia chegado o momento certo. A falta de referências de outras famílias homoafetivas contribuiu para a demora da decisão.

No início, o sonho de Juliana e Priscila era ter um filho que fosse geneticamente das duas, mas, como cientificamente o método ainda não é permitido, elas pensaram em fazer a inseminação com o óvulo de uma no útero da outra. Essa possibilidade, cogitada no começo, foi descartada porque o processo de fertilização *in vitro* é muito mais caro do que o de inseminação e, para elas, também muito mais mecânico. Um amigo chegou a oferecer o seu material genético para que elas fizessem uma inseminação caseira, mas, após refletirem sobre a entrada de uma terceira pessoa no sonho de ter filhos, não aceitaram a proposta.

Diante das possibilidades, alguns amigos as questionaram sobre a probabilidade de um doador anônimo também fazer parte da família, já que, sem ele, a gravidez não seria possível. Perante essas afirmações, Juliana costumava responder que "uma pessoa que passou por um transplante de coração, sem aquele coração, também não existiria".

Elas optaram por fazer uma inseminação artificial em Priscila com o material de um doador anônimo que possuísse características físicas semelhantes às de Juliana, como cabelos castanho-claros e olhos cor de mel. A decisão de ser Priscila quem engravidaria foi baseada na relação com as famílias delas. Juliana tinha certeza de que seus pais seriam avós das crianças, independentemente da forma como elas viessem. Já Priscila sabia que o pai não aceitaria ser avô, ao menos pelo que ele dizia, de um neto ou neta que não tivesse vínculo biológico com ele. Para que o filho pudesse ter avós maternos dos dois lados, elas acharam melhor que Priscila gerasse o bebê.

Em 2010, quando realizaram o procedimento de inseminação, o médico avisou que elas não poderiam se apresentar como casal. Entretanto, na hora de preencher a ficha médica, Priscila colocou Juliana como cônjuge e a equipe médica não se negou. Juliana chegou a pesquisar quais eram as condições para realizar inseminação pelo Sistema Único de Saúde (SUS), mas um dos pré-requisitos na época é que deveria ser um casal formado por um homem e uma mulher. Assim, elas optaram por fazer o procedimento com o médico do plano de saúde, pois os médicos particulares cobravam muito caro.

Apesar de Priscila ser saudável e estar em ótimas condições de saúde para engravidar, ela foi submetida a um tratamento com doses excessivas de hormônios para agilizar a maturação dos óvulos. Além de desgastante fisicamente, os remédios tinham um custo muito alto.

Mesmo tomando o medicamento, os óvulos de Priscila não ficaram maduros a tempo e o médico abortou o procedimento. Na segunda estimulação, Juliana conversou com a esposa e pediu que ela não tomasse os remédios, pois seus óvulos amadureceriam de forma natural e elas economizariam. Priscila não tomou os hormônios e quando o médico fez o ultrassom e viu que os óvulos não haviam amadurecido, receitou uma dose ainda mais forte. Priscila tomou só um pouco do remédio e, quando voltou ao médico, dois óvulos estavam aptos a serem inseminados e os dois vingaram.

Priscila ficou grávida de gêmeos, e foi a maior festa quando ela e Juliana deram a notícia aos amigos e aos familiares.

– Vocês vão ser avós! E de dois ou duas!

Alguns amigos esqueciam que as crianças não podiam ser geneticamente filhas das duas e diziam sobre como seria legal se cada uma se parecesse com uma delas. Depois, todos riam da possibilidade.

Apesar de a médica saber que se tratava de uma gravidez bivitelina e que as meninas não nasceriam parecidas, na hora do parto de Luna e Maia ela ficou espantada. Quando Maia nasceu, a cirurgiã a mostrou para Priscila e Juliana, que acompanhou o parto das filhas, que a menina era uma "Priscilinha", moreninha. Sete minutos depois, quando Luna nasceu, a médica olhou espantada para Juliana e perguntou como elas tinham feito aquilo. Diferentemente da irmã gêmea, Luna era loira, como a outra mãe.

As meninas não eram diferentes só na aparência. Desde o nascimento, já mostravam características bem distintas na personalidade, as quais são ainda mais percebidas com o crescimento. Uma é mais segura, a outra é o oposto. Uma mais carinhosa, enquanto a outra é mais agitada. Cada uma tem o seu jeitinho próprio. Às vezes, as pessoas acham que cada menina é filha de uma delas e demoram a raciocinar que elas são um casal e que as meninas são filhas das duas.

Juliana e Priscila vivenciam no dia a dia algumas situações desconfortáveis ou de estranhamento por serem uma família de duas mulheres, mas a pior situação de preconceito que viveram ocorreu ainda na maternidade. Como o parto de Priscila teve de ser adiantado por algumas complicações, as meninas nasceram com 35 semanas – o normal é que a gestação dure cerca de 40 semanas – e tiveram de ficar na Unidade de Terapia Intensiva (UTI). Na UTI neonatal do hospital, os casais – o pai e a mãe – de outras crianças se revezavam. No caso delas, eram as duas mães que ficavam se revezando.

Em uma das saídas de Priscila para tirar leite, Juliana entrou na UTI e a enfermeira-chefe do hospital a avisou de que era a última vez que ela poderia entrar. Juliana questionou o porquê:

– Porque você não é ninguém!

Juliana não sabia o que fazer diante do que a mulher tinha dito. Já chorando, ela olhou para as meninas e refletiu se deveria contar à Priscila, pois a esposa estava de resguardo. Priscila ainda estava em uma sala, retirando o leite, quando Juliana, decidida, mas com o rosto inchado de tanto chorar, contou a ela o ocorrido.

Priscila respirou fundo e foi falar com a enfermeira-chefe. Ela, pacientemente, perguntou o porquê de sua esposa não poder ficar com as filhas, já que ela também era mãe, havia assinado os documentos, assistido ao parto e até pagado o hospital. A enfermeira, irredutível, disse que não era por ela, mas sim pelas regras do hospital. Já enfurecida, Priscila pediu que ela chamasse seu superior para resolver a situação. Diante da relutância da mulher, Priscila já estava quase gritando para que algum outro profissional aparecesse ali.

Mais calma após a chegada da vice-gerente do hospital, Priscila explicou o que estava acontecendo. A mulher contou que havia assistido ao parto delas, que tinha sido muito bonito e que Juliana era muito mais presente do que muitos pais ali. A vice-gerente esclareceu que ela poderia, sim, ficar com as crianças, mas que se revezassem como os outros casais, não as duas juntas. Elas concordaram e a enfermeira-chefe assistiu a tudo, dessa vez, calada.

★★★

As famílias de Priscila e de Juliana convivem harmoniosamente com as meninas. Como elas moram em um bairro antigo, a maioria dos vizinhos é idosa e, às vezes não entendiam a composição familiar delas e perguntavam o que uma era da outra ou de quem eram as crianças. Com o tempo, eles foram entendendo.

Em 2011, alguns meses após o nascimento das gêmeas, a união estável entre pessoas do mesmo sexo já era legalizada no país. Juliana e Priscila assinaram a união, mas ainda não sabiam como fariam para registrar as filhas em nomes das duas mães.

Muito próximo ao prédio delas há um Cartório de Registro Civil e, assim que as meninas nasceram, Juliana e Priscila foram verificar como poderiam registrá-las. Os funcionários do cartório explicaram que não havia muita probabilidade de elas registrarem as crianças nos nomes das duas mães naquele local.

Quando as gêmeas ainda estavam na UTI, Juliana se informou, com uma advogada, sobre como seria o procedimento de registro da dupla maternidade. No entanto, a profissional disse que cobraria um valor muito alto, porque era uma causa praticamente impossível. Desmotivadas, e como não queriam fazer uma adoção unilateral[13] para acrescentar o nome de Juliana no registro, elas decidiram esperar até que tivessem mais tempo e dinheiro.

Algum tempo depois, quando estavam no aniversário de uma amiga, foram questionadas sobre o registro das meninas, e então explicaram que ainda não tinha sido possível fazer. No mesmo instante, uma amiga alertou que elas precisavam conhecer sua irmã, que era advogada e trabalhava com questões ligadas aos Direitos Humanos.

Essa advogada cobrou de Priscila e Juliana o valor mínimo, que é o preço de tabela a ser cobrado, e tomou a causa como sua. Após duas sessões complicadas com a juíza de primeira instância e um grande desgaste emocional por parte da família, Juliana e Priscila conseguiram que o nome de ambas fosse inserido no registro de Luna e Maia. Foi, oficialmente, o primeiro casal da cidade de São Paulo a registrar uma, ou melhor, duas crianças em nome de duas mães, sem passar pelo processo da adoção unilateral. Elas registraram as duas meninas como filhas de duas mães desde o nascimento.

Se a juíza tivesse indeferido o pedido, Juliana não teria direitos sobre as filhas caso algo ocorresse na ausência de Priscila; ela estaria de

---

[13] "A adoção unilateral consiste na adoção, geralmente pelo padrasto ou madrasta, do filho do cônjuge ou companheiro. Nessa modalidade de adoção, ocorre o rompimento do vínculo de filiação com um dos pais, para que seja criado um novo vínculo com o pai adotivo" (ABREU, Marcus Vinícius. *Adoção unilateral*. Disponível em: <http://goo.gl/vQMe73>. Acesso em: 9 fev. 2016).

mãos atadas pela falta de algum documento que comprovasse que ela também era a mãe.

Os documentos das gêmeas foram refeitos, dessa vez com o nome das duas mães, mas quando foram tirar o passaporte delas, levou mais tempo que o usual, porque os profissionais não sabiam como agir diante da ausência do nome do pai e de dois nomes de mãe, já que as fichas só possuíam um campo para o nome materno.

★★★

O dia a dia da família é agitado. Luna e Maia estudam à tarde e as mães trabalham quando as meninas estão na escola e também nos fins de semana. Quando elas eram menores e ainda não frequentavam a escola, as mães costumavam deixá-las com os pais de Juliana. As gêmeas estudam em uma escola que segue a pedagogia Waldorf[14] e não vivenciam problemas com o fato de terem duas mães e não terem pai.

Certa vez, na escola, duas mulheres foram buscar uma das colegas de turma das meninas. Luna correu até a mãe para contar que a amiga também tinha duas "mamães", apesar de não ser o caso. Elas costumam dizer que não têm pai de forma natural e até brincam de "ser papai" em alguns momentos.

Juliana e Priscila se dividem no cuidado com as meninas. Quando estão as duas, elas dividem; quando alguma viaja para algum compromisso de trabalho, a outra mãe fica com as meninas. Elas preferiram não contratar babá, porque, segundo elas, não queriam terceirizar o serviço de mãe.

---

[14] "Uma escola Waldorf encaminha o processo ensino-aprendizagem segundo alguns princípios básicos de inspiração antroposófica, entre os quais: A liberdade individual é a maior riqueza do homem [...]. O ensino só pode ser vivo e luminoso se for livre [...]. O ser humano atual é fruto de acontecimentos que remontam aos primórdios da humanidade" (*A escola Waldorf*. Disponível em: <http://goo.gl/6sVuhe>. Acesso em: 9 fev. 2016).

LIA
Eu também sou a mãe dele

Eu conheci Lia, 32 anos, quando ela era DJ em Petrolina. Uma mulher de estatura média, cabelos lisos pintados de loiro, pele parda, quase sempre de batom ou alguma maquiagem. Quando eu soube que aquela DJ tinha um filho com outra mulher, foi a primeira vez que eu vi alguém na minha cidade que criava uma criança com duas mães e sem pai. Com o tempo, conheci melhor Lia e também o pequeno Tom, seu filho de 4 anos.

Assim que pensei em escrever um livro que contasse a história de mulheres que formavam famílias homoafetivas, já a considerava uma das entrevistadas, sem nem mesmo ter conversado com ela a respeito, afinal a oportunidade de trazer a história de uma família de uma cidade de porte-médio[15] do Sertão Pernambucano, como Petrolina, já me fazia imaginar contando sua trajetória. Não houve problemas. Assim que defini o projeto, conversei com Lia e ela aceitou participar.

Como ela sempre dizia que tinha uma agenda muito lotada, mas que encontraria um tempo disponível para a entrevista, resolvi esperar até que eu voltasse de viagem para marcar o encontro. Quando cheguei do tour de entrevistas, que envolveu as cidades de Salvador, Rio de Janeiro, São Paulo, Belo Horizonte e Águas da Prata, em São Paulo, liguei para Lia e marcamos um encontro.

A entrevista aconteceu em um café, localizado em uma livraria de Petrolina. Era quarta-feira, por volta das 19 horas, quando cheguei ao

---

[15] Cidades de "porte-médio" são aquelas com porte populacional entre 50 mil a 500 mil habitantes. (ANDRADE, T. A.; SERRA, R. V. O desempenho das cidades médias no crescimento populacional brasileiro no período 1970/2000. In: ANDRADE, T. A.; SERRA, R. V. (Org.). *Cidades médias brasileiras*. Rio de Janeiro: IPEA, 2001. p. 19).

local onde ela já me aguardava. Eu a cumprimentei e sentei de frente para ela, nessas cadeiras no estilo de sofá, típicas de cafés. Lia estava de calça jeans, com uma blusa despojada, e aparentava certo cansaço, o que foi explicado por uma das primeiras frases que ela me disse. Ela explicou que havia trabalhado o dia todo, e que, se o telefone tocasse e ela tivesse de atendê-lo, era porque podia ser algo relacionado à sua agência.

Hoje, Lia possui uma agência de publicidade e não trabalha mais como DJ. Durante a semana, ela divide seu tempo entre o trabalho e os cuidados com o filho Tom, que possui duas casas e duas mães. O menino é filho de um relacionamento anterior com outra mulher.

★★★

Lia nasceu em Aracati, município do Ceará que tem uma das praias mais belas do Nordeste e recebe turistas de várias partes do mundo, a praia de Canoa Quebrada, e, apesar das belezas da cidade, Lia não permaneceu muito tempo por lá. Seus pais se separaram quando ela tinha apenas 3 anos, e ela permaneceu morando com a mãe e com os dois irmãos mais velhos até próximo de seus 18 anos. O pai, apesar de ainda manter contato com os filhos, formou outra família e, posteriormente, se mudou para Petrolina.

A mãe criou os filhos e a filha com base na confiança mútua. Não tinha o costume de chamar a atenção por qualquer motivo e os deixava livres para tomarem suas próprias decisões. Ela, calmamente, explicava à Lia, que, caso quisesse, poderia sair, se divertir. Mas a responsabilidade seria só dela. A confiança que a mãe depositava na filha e nos irmãos sempre deixou Lia contente e com a sensação de que era livre. Como tinha uma personalidade aventureira, a liberdade lhe proporcionou mais independência e instigou sua vontade de realizar seus desejos a partir do próprio esforço.

Apesar de, naquela época, a família de Lia ter uma condição financeira razoável, ela não se contentava em apenas estudar. Sua vontade era de ser empreendedora. Com esse objetivo em mente, Lia passou a observar a mãe enquanto ela fazia doces e salgados para vender. Durante essas observações, decidiu que venderia o que a mãe produzia. Então, montou uma lanchonete em frente a uma faculdade de Aracati e começou seu próprio negócio.

Como trabalhava sozinha na lanchonete, Lia atendia os clientes e fazia a propaganda ao mesmo tempo. Foi aí que, aos 15 anos, percebeu que tinha aptidão para o ramo publicitário. Para chamar atenção da clientela, ela pintava grandes letreiros e gravava vinhetas, tentando aumentar as vendas.

O negócio foi tão bem que Lia decidiu que precisava sair de Aracati. A cidade era pequena e não oferecia opções de curso superior na sua área de interesse: comunicação. Como parte da família paterna morava em Recife, em 1998, ela decidiu que a capital seria o lugar ideal para concretizar seus planos. Decidida, mudou-se, começou a fazer cursinho pré-vestibular e a sonhar com a futura faculdade de Publicidade e Propaganda.

No entanto, antes de Lia iniciar o curso, sua avó paterna descobriu que estava com câncer e precisava de alguém que fosse morar com ela no bairro Maurício de Nassau, em Caruaru – cidade que fica a cerca de duas horas de Recife –, em Pernambuco. Lia decidiu que iria ajudar a avó e viajou para Caruaru. Pouco tempo depois de sua chegada, ela teve insuficiência respiratória e faleceu. Em vez de voltar para Recife ou Aracati, Lia decidiu permanecer na cidade. A ideia de liberdade e independência, marcas da personalidade de Lia, influenciaram na decisão.

Era a primeira vez que moraria sozinha e viveria por conta própria, embora não soubesse como iria viver e se sustentar. Ela ganhava uma pensão alimentícia, mas não era suficiente para cobrir suas despesas mensais.

Lia observou que um bom número de pessoas circulava diariamente na rua onde morava, e decidiu vender CDs piratas na calçada de casa. O negócio era muito lucrativo, pois nessa fase, em 1998, a pirataria de CDs estava no auge e eles custavam em torno de R$ 10,00.

Apesar de ganhar o suficiente para se sustentar com a venda de CDs, Lia estava insatisfeita, pois seu desejo era trabalhar e estudar Comunicação. Um dia, quando estava em casa e o rádio estava sintonizado na extinta Rádio Pontal, ela ouviu um anúncio que chamou sua atenção. A rádio estava realizando uma promoção para o ouvinte que gravasse a melhor vinheta e o prêmio era um estágio na rádio. Tudo o que Lia queria.

Ela se inscreveu, gravou a vinheta e ganhou o estágio. Mas trabalhou lá por apenas dois meses, porque um dos funcionários da rádio deixou de trabalhar no local, montou uma agência de publicidade e a convidou para trabalhar com ele. Lia não pensou duas vezes e aceitou a novidade. O novo emprego melhorou sua situação econômica e ainda lhe deu a experiência profissional que tanto almejava na área publicitária.

O trabalho na agência foi crucial para que Lia desenvolvesse toda a vontade e paixão que tem hoje pelo ramo em que trabalha. Lá, ela vendia comerciais, gravava vinhetas, criava e participava de muitos eventos e inaugurações.

Como não tinha meio de transporte próprio, Lia ia e vinha da agência de transporte coletivo. Um dia, quando estava voltando para casa, uma colega de trabalho lhe ofereceu uma carona, Lia aceitou e, a partir daí, a amizade foi surgindo entre as duas. Cristiane tinha 25 anos, apresentava eventos e fazia cerimoniais na cidade, o que a deixou conhecida no bairro em que ela e Lia moravam. Era um bairro antigo e tradicional de Caruaru, onde os vizinhos e as vizinhas gostavam de sentar na calçada de casa no fim da tarde para comentar o dia a dia de todos da vizinhança.

Nessas "fofocas" diárias dos vizinhos, Lia foi alertada sobre a sua recente amizade com Cristiane:

– Você está andando demais com essa menina.

– Você é uma pessoa tão legal, mas está andando em más companhias – alertavam os vizinhos.

Má companhia, para a vizinhança, era o fato de Cristiane ser homossexual. Lia não se importava com a sexualidade da amiga, mas nunca tinha parado para pensar sobre isso nem para conversar com ela a respeito.

No entanto, ao saber da homossexualidade de Cristiane pelas pessoas de seu bairro, Lia teve vontade de se aproximar ainda mais da amiga. Só não entendia o porquê.

Na época, ela estava namorando, mas sempre que a amiga e o namorado a convidavam, ao mesmo tempo, para algum programa, Lia preferia o da moça. Em uma dessas ocasiões, Cristiane a convidou para um acampamento e Lia aceitou imediatamente.

Ao chegar ao local, Lia observou os diversos casais que estavam lá e percebeu que eles eram formados por dois homens ou duas mulheres. Sem entender onde Cristiane a tinha levado, ela questionou com certo humor e curiosidade se ali seria um "acampamento gay". Nesse momento, Cristiane se enrubesceu diante da pergunta e da surpresa de Lia, e balançou a cabeça em sentido afirmativo. Logo depois, ela apresentou a amiga aos presentes e confessou que acreditava que Lia já sabia sobre sua identidade afetivo/sexual. Lia respondeu que já tinha ouvido boatos, mas que não tinha certeza e nem coragem de perguntar se era verdade.

Como Lia não tinha demonstrado rispidez com a descoberta, Cristiane nem questionou se ela estava desconfortável no "acampamento gay". Na verdade, o que Lia estava sentindo era curiosidade e encantamento por tudo aquilo, inclusive por Cristiane. Envoltas no clima de romance e tranquilidade do lugar, Lia e Cristiane trocaram o primeiro beijo um pouco antes do fim do acampamento.

Pela primeira vez na vida, Lia, aos 16 anos, sentiu que tinha encontrado o ambiente ao qual sempre pertenceu. A sensação foi única. Não sentiu culpa, nem arrependimento, apenas teve a impressão de ter se percebido. Terminou o relacionamento com o namorado e nunca mais se envolveu com nenhum homem.

Lia e Cristiane ficaram juntas por dois anos. Depois o relacionamento acabou por causa da distância, pois Lia voltou a morar em Recife porque queria ficar mais perto da família. Aos 18 anos, entretanto, ela retornou ao Ceará e se envolveu com uma outra mulher, mas essa namorada era muito inconstante. Em cada briga do casal, ela costumava ameaçar Lia dizendo que contaria sobre o relacionamento delas à sua família. Para não se sentir sempre com medo, Lia resolveu terminar o namoro e ela mesma contar sobre sua homossexualidade à mãe.

– Eu já sabia!

Foi essa a resposta da mãe de Lia quando a filha revelou que se relacionava com pessoas do mesmo sexo. Ela estranhou, mas a mãe logo explicou que sempre desconfiou, contudo esperou que a filha decidisse lhe contar. Apesar de ter aceitado bem, a mãe pediu que a filha não mudasse sua personalidade nem o jeito de se vestir. Ela achava que ser homossexual implicava assumir todos os estereótipos sociais, entre eles, passar a se vestir com roupas masculinizadas. Pacientemente, Lia explicou que não iria mudar, porque gostava de ser como era, mas acrescentou que uma pessoa deveria ser enxergada pelo caráter e não pela aparência, muito menos pelas roupas. A mãe, ainda receosa, concordou com a filha.

O restante da família de Lia foi percebendo aos poucos que ela era homossexual, porque reparavam em suas companhias e por causa dos comentários que começaram a surgir. Lia não saiu contando para todo mundo quem era, mas também não fazia mais questão de esconder. A mãe já sabia e a apoiava, e isso bastava para Lia.

★★★

Lia costumava passar as férias com o pai em Petrolina. Em uma dessas viagens, ela percebeu que ele sempre tentava mexer em suas coisas e abrir suas cartas. Um dia, Lia o surpreendeu em uma das tentativas frustradas de espiar suas correspondências e questionou por que ele queria abrir as cartas dela, e somente as dela, já que ele não fazia o mesmo com a outra filha nem com a esposa.

O pai de Lia se sentia aflito e queria saber o porquê da filha, naquela idade, não ter um namorado. Entretanto, não tinha coragem de perguntar; mas, naquele dia, já impaciente, ele aproveitou o momento e disse que procurava respostas. Queria saber se a filha era homossexual. Sem pestanejar, Lia respondeu que sim.

A reação dele não foi boa.

Inconformado com a afirmação da filha, ele deixou claro que nunca aceitaria que ela se relacionasse com outra mulher e muito menos compactuaria com tudo aquilo. Contudo, mesmo bravo, ele confessou que Lia não deixaria de ser sua filha e que não a abandonaria por causa do que tinha acabado de descobrir.

Naquele momento, Lia não entendeu o que o pai quis dizer com não "compactuar". Só depois de muito tempo, ela compreendeu o que ele quis dizer com essa palavra.

★★★

Após concluir o curso de Publicidade e Propaganda em Fortaleza e estagiar na área, Lia resolveu deixar a cidade para ir morar em Petrolina, com o pai e a madrasta. O convite foi feito pelo próprio pai, que argumentou que seria bom para a filha ir morar lá, pois não pagaria aluguel e teria trabalho, já que existia oportunidade de emprego nas rádios da cidade. Animada para viver em Petrolina e para conhecer o ramo de Comunicação da cidade, Lia aceitou o convite do pai.

Entretanto, depois de pouco tempo, a convivência diária com a madrasta não deu certo e, para evitar um transtorno maior, Lia decidiu ficar na região e morar sozinha. Ela alugou um apartamento em Juazeiro, na Bahia – cidade que fica muito próxima de Petrolina –, porque lá os aluguéis eram mais baratos. Decidida a continuar vivendo e a trabalhar na região, Lia começou a procurar emprego em rádios, de preferência em alguma das duas cidades.

A oportunidade de trabalho que surgiu, porém, foi como recepcionista de um hotel no turno da manhã. Como tinha de se sustentar e não podia esperar, Lia aceitou o emprego e, no mesmo período, conseguiu um estágio não remunerado como operadora de áudio em uma rádio de Petrolina.

Apesar de estar ganhando experiência com aquele estágio de operadora, o que Lia queria mesmo era ser locutora e ganhar um salário pelo trabalho. Ela continuou procurando e, algum tempo depois, conseguiu emprego em outra rádio, dessa vez com remuneração. Mas foi demitida em alguns meses.

No antigo emprego, às vezes Lia conseguia gravar pequenos comerciais na rádio, e foram neles que sua voz marcante chamou a atenção de outra emissora. Após a demissão, ela foi convidada para trabalhar, dessa vez como locutora, em outra rádio da cidade. Dona de uma voz grave e sensual, Lia se tornou conhecida por seu trabalho e ficou três anos nessa emissora.

Lia trabalhou em outras rádios de Petrolina e de Juazeiro, mas o sonho de ter uma agência de publicidade começou a falar mais alto. Todo o tempo livre que tinha, bem como o dinheiro que guardava, era reservado para esse projeto.

Como vendia os comerciais da rádio, alguns clientes questionavam se ela trabalhava com outras mídias além do rádio, e ela prontamente respondia que sim, apesar de, naquele momento, ainda não ter ideia de como faria aquilo, já que sua agência ainda estava no papel. Mesmo assim, Lia foi aceitando os trabalhos e contratava o serviço de terceiros, enquanto não estruturava sua empresa. Com o tempo, ela se organizou, montou um espaço físico para a agência e estabeleceu os serviços.

Nesse meio tempo, entre o trabalho de locutora e o sonho de abrir a agência, Lia também trabalhou como DJ.

Apesar de amar a música, a carreira de DJ foi estratégica. Em Petrolina, não havia nenhuma DJ mulher e como ela tinha feito um curso nesse ramo em Recife, seria uma oportunidade de arrecadar o dinheiro de que necessitava para montar o seu negócio. Às vezes, em duas ou três noites como DJ, ela conseguia ganhar mais do que em dois meses de trabalho como locutora. Foi uma estratégia bem rentável.

★★★

Lia sempre se dedicou ao trabalho de forma incansável, com a sede de quem quer conseguir, e logo, o que tanto almeja. Em meio a toda a correria da semana, ela tinha pouca vida social, pois ficava difícil equilibrar o trabalho como DJ, como locutora e os planos da agência com relacionamentos duradouros.

Diante da rotina agitada, certa noite Lia resolveu se distrair um pouco e, por curiosidade, entrou em uma sala de bate-papo para lésbicas. Nessa sala, ela começou a conversar com uma mulher chamada Paloma.

A conversa on-line com aquela mulher durou horas e, diante de tanta afinidade, elas decidiram que se encontrariam pessoalmente. Sem saber como seria, Lia foi ao encontro de Paloma e, para a surpresa das duas, a afinidade on-line se confirmou presencialmente. A partir desse dia, elas se viam e se falavam regularmente.

Quando passaram a se encontrar com mais frequência, Paloma, em uma conversa franca, confessou a Lia que nunca havia se relacionado com uma mulher antes e que nem tinha certeza de que era homossexual. Apesar de espantada com a declaração, Lia resolveu investir na relação e logo elas começaram a namorar.

Depois de algum tempo de namoro, Paloma partilhou com Lia o seu desejo de ser mãe. Mais cautelosa do que a namorada, Lia explicou que também partilhava dessa vontade, mas achava que era preciso esperar o momento certo. O plano, traçado por Lia, era de se estabelecer profissionalmente e concretizar seus projetos de trabalho e, só então, investir na ideia de maternidade.

Mesmo com o projeto de ter filho adiado, Lia e Paloma até já haviam escolhido o nome da criança: Tom.

★★★

Um dia, quando estava trabalhando na rádio, Lia recebeu uma ligação da namorada:

– Eu tô grávida.

Ela falou assim, de supetão. Sem saber o que falar ou fazer, Lia desligou o telefone, pensou que só podia ser brincadeira e depois foi na casa de Paloma entender o porquê de ela ter dito aquilo. Chegando lá, a namorada afirmou que não estava brincando e mostrou o exame de gravidez.

Atônita, Lia perguntou se tinha sido traída por Paloma e com quem. A explicação de Paloma foi que o desejo de ter um filho era tão grande que ela decidiu iniciar o projeto, mesmo sem o conhecimento da namorada. Ela contou que passou dias pesquisando métodos de inseminação caseira na internet e, após decidir como faria, pediu auxílio de um amigo.

Segundo Paloma, ela estava tentando o procedimento havia quatro meses, e usava uma seringa com o sêmen doado por esse amigo. Lia não acreditou na explicação da namorada, mas preferiu seguir em frente e assumir a criança.

Durante a gravidez, diante das dúvidas a respeito da suposta traição da namorada, Lia não conseguia mais se relacionar da mesma forma com

Paloma. No entanto, não terminava o relacionamento por causa do bebê, pois, apesar de achar que ainda não era a hora, ela também tinha o sonho de ser mãe.

Após o nascimento da criança, Lia conversou com Paloma e explicou que cada uma devia seguir o seu caminho, mas criariam o menino juntas, pois ele era filho das duas. Paloma insistiu para que elas ficassem juntas e até chegou a marcar uma reunião entre elas e o amigo que doou o sêmen, para que ele confirmasse a história. Mas Lia não estava mais interessada naquele relacionamento, apenas no filho.

As duas mães passaram a dividir o tempo de Tom entre si, mas sempre que discutiam a ex-namorada costumava dizer que Lia não precisava mais ver a criança. Insegura, Lia percebeu que necessitava de algum vínculo jurídico que provasse que Tom também era seu filho.

Como, na época, ela nem imaginava que o menino poderia ser registrado por duas mulheres, Lia disse a Paloma que ia pedir a seu irmão que registrasse a criança. Mas como o irmão de Lia não morava na cidade, e com toda a burocracia para fazer o registro por meio de procuração, ele acabou desistindo de registrar o menino e até aconselhou a irmã a também desistir daquela criança e adotar outra.

Mas essa possibilidade não existia para Lia, porque, para ela, aquele menino era seu filho e ponto final. Não precisava de um papel que dissesse isso para ela ter certeza do sentimento que nutria por ele. Nessa crise, Lia chegou a passar um mês longe do filho, mas o menino, ainda muito pequeno, pedia à avó, por parte da outra mãe, que ligasse para Lia e, ainda aprendendo a falar, ele perguntava choroso ao telefone:

– *Catê* tu?

Lia não conseguiu se afastar de Tom, mas até hoje ele só é registrado no nome de uma das mães. Agora, com mais conhecimento sobre as possibilidades da dupla maternidade, Lia pretende pedir a incorporação do seu nome no registro do menino. E a outra mãe concorda.

Por mais que Tom entenda que é filho de duas mulheres e de sempre responder quando alguém lhe pergunta sobre ter duas mães, houve uma época em que ele costumava falar sobre o "pai".

Certo dia, o menino começou a dizer que seu pai era policial. Ao ser questionado do porquê dessa afirmação, ele respondia que o pai de seu amigo era policial e que todo pai era policial, inclusive o dele. Lia explicou ao filho que nem todo pai é policial, mas não disse que ele não tem pai. A explicação costuma ser: "Filho, seu pai não está aqui". Elas preferem não dizer que o pai não existe e muito menos que ele morreu;

a opção que tem funcionado é de que o pai não está presente. Com o tempo, o garoto parou de fazer essas perguntas.

★★★

A rotina de Tom costuma ser dividida de segunda a quarta na casa de Lia, e de quinta a sábado na casa de Paloma. Os domingos são compartilhados. Às vezes, quando Lia trabalha menos, ela troca e passa os fins de semana com o filho. Como ela mora sozinha metade da semana, os vizinhos costumam perguntar ou especular sobre a chegada da criança na outra parte da semana.

Quando questionada, ela responde que Tom é filho dela. Muitos não entendem e perguntam se ela é madrinha ou mãe de consideração. Impaciente, Lia responde que é a mãe dele, e que ele tem duas mães. Alguns entendem, outros não.

Tom estuda em uma creche administrada por freiras e, inicialmente, Paloma teve medo de falar sobre a composição familiar dele, por receio de o menino perder a vaga. Ao contrário da outra mãe, Lia faz questão de deixar claro seu modelo familiar em todo lugar que chega com o filho, mesmo que não perguntem. Segundo ela, para prevenir qualquer constrangimento.

Certa vez, quando houve um evento recreativo entre pais, mães e filhos na creche de Tom, a professora perguntou se Paloma podia participar com o pai do menino, porque na ficha escolar de Tom estava registrado que ele era filho de pais separados. Nesse dia, sem saber o que falar, Paloma disse à professora que o menino não tinha pai e que era criado por ela e por uma tia, que viria ao evento. Lia, a suposta "tia", participou das atividades e disse a todos que, na verdade, ela também era mãe do menino. Mesmo assim, as pessoas questionavam:

– O que você é dele?

Apesar de Lia reafirmar que Tom era seu filho com Paloma, alguns insistiam, perguntando se ela dizia aquilo porque o considerava como filho. Lia reiterava que não, que não existia filho pela metade. Espantados, os profissionais da escola entenderam e se surpreenderam ao constatar que elas não possuíam o estereótipo do casal lésbico – uma mulher com um estilo feminino e outra com estilo masculino.

Por episódios como esse é que Lia prefere deixar claro que o filho é fruto do relacionamento entre duas mulheres, que hoje estão separadas. Para que não haja a possibilidade de alguém achar que uma delas é apenas a mãe de criação, ou, como eles mesmos costumam falar, "mãe do coração". Ela cansou de ouvir a pergunta "O que você é dele?".

Na família de Lia, o menino é tratado por todos como seu filho, sem distinção. A não ser por seu pai. Quando era mais jovem e contou ao pai que era homossexual, e ele afirmou que não a abandonaria, mas também não compactuaria com aquela situação, Lia só entendeu o que o pai quis dizer após o nascimento do filho.

O significado era que, se Lia precisasse dele, estariam juntos. Mas, se ela estivesse acompanhada de alguma namorada ou do filho, fruto de uma relação com outra mulher, o pai não existiria nesse momento. Ela acredita que o pai só aceitaria um neto se ela gerasse sozinha ou com um homem, ou, talvez, se adotasse uma criança sozinha.

★★★

Apesar de já ter realizado o sonho de ter um filho, Lia planeja ter mais um. Ela se inscreveu na Vara da Infância e Juventude de Petrolina e já está habilitada. Para ela, engravidar, mesmo que por inseminação, não é uma opção. Ela tem medo de que a gravidez atrapalhe o seu trabalho ou que provoque problemas de saúde. Sem contar que um dos seus sonhos é o de adotar uma criança, mesmo não estando em um relacionamento sério.

Aliás, ela prefere ter esse filho sozinha, por acreditar que sua vida amorosa não possui tanta estabilidade, o que poderia acabar prejudicando a menina ou o menino.

Durante a entrevista, eu perguntei a Lia de onde vinha esse amor por crianças e o desejo tão intenso de construir uma família, e ela me explicou que acredita que ser homossexual contribuiu para o seu jeito.

Por ver muitos amigos e amigas gays se importarem mais com festas e baladas, ela percebeu que preferia trabalhar para, no futuro, construir sua família. Com o pensamento de que não queria ser como eles, o esforço para efetivar seu desejo foi ainda maior. Lia me deu uma declaração que transcrevo aqui para finalizar este capítulo:

– As pessoas costumam achar que os problemas só ocorrem no meio homossexual, mas, se pararmos para observar, os problemas estão em toda parte. Criar um filho de pais separados tem suas complicações e alegrias, seja em uma família hétero, seja em família homoafetiva.

ISABELLE e HELENA
Minhas duas mães

Entre todas as mulheres com quem conversei virtualmente sobre o projeto, Helena, 35 anos, foi uma das que se mostrou mais animada em me receber para a entrevista. Ela e a esposa, Isabelle, de 38 anos, trabalham na área de Tecnologia da Informação (TI) e moram na cidade do Rio de Janeiro, junto dos três filhos de Helena, frutos de um casamento anterior. Lolla, a cadela, também é uma integrante importante da família, e é considerada mais uma "filha" do casal. A animação de Helena com este livro me deixou entusiasmada com o nosso encontro, que ocorreu no apartamento delas.

Dois dias antes, liguei para Helena para confirmar a entrevista. Ao atender, ela perguntou quem era e eu falei. Ela disse que não se lembrava de mim e pediu que eu explicasse melhor. Não sei se foi porque ela estava ocupada, trabalhando, mas naquele momento eu pensei que nada daria certo. Até que ela, bem extrovertida, disse:

– Ah! É você! Por que não disse antes?

Eu respirei aliviada e combinei o horário do encontro. Helena foi me buscar na saída da estação de metrô da Praça Saens Peña, que fica bem perto de onde a família mora. Chovia um pouco e já eram quase 20 horas quando entrei no carro e fui apresentada às três crianças, que estavam no banco de trás: Erik, de 10 anos, Lucas, de 7, e Fernanda, de 6 anos. Helena explicou aos filhos o que eu estava fazendo ali. Erik, na mesma hora, questionou se eu era famosa e pediu um autógrafo, carinhosamente. Mesmo com a minha negativa, ele insistiu e disse que, se um dia eu fosse, já teria o autógrafo.

O apartamento da família tinha o aspecto típico de um lar com crianças. Helena me falou, que com a correria do dia a dia, os filhos e a cadela, era difícil manter a casa totalmente organizada, com tudo em seus devidos lugares, mas aquele clima me remeteu ao de uma "família de novela". Me senti à vontade quase imediatamente.

Helena e Isabelle combinaram comigo de começarmos a entrevista após o jantar, que estava sendo preparado por Paula, irmã de Helena. Mas depois que jantamos, Helena falou que estava muito cansada, pois estava trabalhando em uma campanha política na época e, então, adiamos a entrevista para o sábado de manhã.

Quando todos foram dormir, eu ainda fiquei na sala, conversando com Dona Maria, mãe de Helena, que também passaria a noite lá. Conversamos, aproximadamente, duas horas, e tive a chance de ouvir um depoimento sincero e emocionado de uma mãe que, aos poucos, aprendeu a amar as escolhas da filha. A emoção foi nítida quando Dona Maria se comoveu ao falar do amor que tinha pela nora.

Ao acordar, fui surpreendida por Fernanda, pois eu havia dormido no quarto "de princesa" dela. Ao me ver pegando um gravador, com os olhos curiosos e ainda parada em frente à porta do quarto, ela me perguntou:

– Você vai entrevistar minhas duas mães?

Sorri e respondi que sim. Nesse momento, entendi o que Helena quis dizer quando avisou que eu deveria passar um tempo com a família dela para entender a dinâmica de uma família homoafetiva com três crianças. Apesar de Isabelle não ser chamada de mãe pelas crianças, como Helena é, pude perceber que, sim, aquela era uma casa com duas mães. Uma era chamada de mãe e a outra era chamada de tia Belle. Que diferença faz um nome?

Durante o café da manhã, a entrevista aconteceu entre aconchegos carinhosos de Lolô – Lolla –, bons-dias de todos da casa e ansiedade de Fernanda com a quadrilha que dançaria na escola, exatamente naquele dia à tarde.

Geralmente, os casais chamam o/a parceiro/a por algum apelido carinhoso, como "amor", "vida", "paixão", ou algum diminutivo do nome. Percebi e achei interessante que, naquela casa, eram duas gatinhas. Helena chama Isabelle de "gata" e Isabelle também chama Helena de "gata". "Ô, gata, pega isso para mim?", "Ok, gata!". Bem curioso.

Depois da entrevista, fomos assistir à apresentação de dança de Fernanda, que seria bem perto de uma bela paisagem carioca: a Lagoa Rodrigo de Freitas. A festa é conhecida como "julina", uma espécie de festa junina comemorada no mês de julho, com comidas típicas, dança de quadrilhas, brincadeiras, música de São João, mas vi que alguns aspectos eram diferentes das festas juninas do Nordeste, às quais eu já havia ido.

Quando estávamos indo para a escola – eu, Helena, Isabelle, as três crianças e Dona Maria –, o carro quebrou e tivemos de pegar um táxi para chegar lá. Na volta, demorou cerca de 40 minutos para o carro ligar, mas conseguimos chegar ao apartamento e ficou tudo bem. Era só mais uma história para se contar e rir. Helena brincou comigo que, em apenas dois dias, eu pude conhecer a rotina tranquila e agitada da família.

★★★

Helena é alta, branca, tem cabelos pretos e lisos abaixo dos ombros, usa óculos de acetato preto e aparelho transparente nos dentes. O sorriso no rosto é característico de sua aparência. Ela nasceu em Cabo Frio, cidade que fica no estado do Rio de Janeiro e é conhecida por suas praias. O que a cidade é hoje não se assemelha ao que era quando Helena e Paula eram pequenas e brincavam livremente na rua, sem se preocupar com a violência. O município ainda estava em formação e não existia a maioria dos edifícios e serviços que hoje há na cidade.

Os pais de Helena e Paula se mudaram para Cabo Frio para ficar um ano, enquanto o pai, que trabalhava com construção, terminava uma obra. Acabaram permanecendo mais tempo e Helena teve a oportunidade de desfrutar de uma infância muito diferente da que teria tido em uma cidade grande, como o Rio de Janeiro, a capital.

Helena não acordou certa manhã, olhou no espelho e decidiu que beijaria meninas. Mas, aos 15 anos, isso aconteceu. Com a sinceridade característica de sua personalidade, ela contou à mãe o que tinha ocorrido, e Dona Maria explicou à filha que aquilo era uma fase e iria "passar". Helena se diverte ao comentar que, 20 anos depois, a tal "fase" não passou.

Como a família não a pressionava e ela se sentia livre o suficiente, Helena não teve problemas nem crises em assumir que gostava de ficar com meninas e com meninos. Na época, ela achava divertido ficar com garotos, porque os achava bobos e engraçados, mas eles não faziam falta, de modo que a opção de deixar de ficar com meninas por causa deles era uma hipótese impensável.

Entre 18 e 19 anos, Helena se mudou para o Rio de Janeiro. Ela tem duas características que a acompanham desde a infância e as quais levou consigo para a capital: a sinceridade e a vontade de estudar e trabalhar.

Já há algum tempo morando no Rio de Janeiro, Helena reencontrou Flávia, uma de suas amigas de infância que também tinha ido morar no Rio de Janeiro para estudar e trabalhar. Elas estavam em uma boate, e Flávia estava acompanhada de outras amigas; uma delas era Isabelle. Helena já a conhecia e já tinha se encantado por ela desde a primeira vez em que a viu. Guardou o sentimento para si, pois estava comprometida na época e Isabelle também. Naquela noite, porém, as duas estavam sem as respectivas namoradas e enquanto dançavam, Helena de um lado, Isabelle de outro, os olhares das duas se encontravam a todo instante.

Helena e Isabelle trocaram o primeiro beijo na pista de dança. E foi só isso que aconteceu naquela noite.

Com uma postura já típica, Helena, sincera como sempre, ligou para a namorada e contou o ocorrido ainda naquela mesma noite. Elas ainda continuaram juntas, mas não demorou muito tempo para o namoro terminar.

Diferentemente de Helena, Isabelle optou por não contar à namorada sobre o acontecimento. Mas como o tempo passava e a história do beijo não saía de sua cabeça, ela preferiu contar à namorada e pedir perdão. Apesar de ter sido perdoada, o relacionamento também não durou. Para Isabelle, ter beijado outra pessoa já era um sinal de que o namoro não ia bem.

Depois daquele beijo, Helena e Isabelle "ficaram" apenas duas vezes.

★★★

Isabelle é branca, tem cabelos pretos levemente ondulados, e um jeito de falar e de se vestir bem despojado. Seu olhar meigo e suas maneiras delicadas transmitem tranquilidade. Eu não tinha falado com ela antes de visitar a família, mas fui muito bem recebida pela esposa de Helena. Quando entrei no apartamento, ela tentava dar limites para a cadela Lolô, enquanto cumprimentava a mim e às crianças, que estavam chegando da escola. Com um abraço apertado, ela cumprimentou um por um.

Isabelle nasceu em Além Paraíba, cidade do interior de Minas Gerais. Na infância, assim como Helena, ela teve oportunidade de brincar livremente, pois Além Paraíba é uma cidade pequena e os pais de Isabelle possuíam um sítio com piscina e muitas árvores. Sua maior diversão era escolher, com as duas irmãs, quais árvores elas iriam pegar para si. "Essa árvore é minha!", gritava Isabelle, enquanto corria à procura de outra árvore que também fosse dela.

Já a adolescência foi mais complicada, pois era difícil para Isabelle compreender o desejo de ficar com meninas. A primeira vez que beijou uma garota, preferiu guardar a lembrança e aquele sentimento só para si. Achava difícil aceitar que aquilo fizesse parte dela. Era o seu segredo. Somente quando ganhou um computador e começou a acessar a internet, o que lhe permitiu compartilhar esse segredo anonimamente, Isabelle conseguiu dizer a alguém, pela primeira vez, seus verdadeiros sentimentos. A amiga virtual, de quem ela só sabia o *nickname*, se chamava Flávia e morava na cidade do Rio de Janeiro – a mesma que era amiga de infância de Helena –, e acabou virando uma amiga real.

O maior medo de Isabelle era ser discriminada, excluída ou renegada pelas pessoas que mais amava: sua família. Depois que saiu de casa para estudar e após alguns relacionamentos com mulheres, Isabelle decidiu que devia contar pelo menos para a irmã mais velha. A reação da irmã foi de surpresa e, ao mesmo tempo, de quem esperava ouvir aquilo um dia; não houve rejeição. Já com a irmã mais nova foi mais difícil. A princípio, ela pareceu não aceitar a identidade afetivo/sexual da irmã, ainda que não a criticasse. Mas, com o passar do tempo, apesar de internamente ainda não aceitar, ela apoiou Isabelle em um término de namoro muito difícil para a irmã.

Os pais de Isabelle tiveram uma reação de surpresa, mas não agrediram a filha física nem verbalmente. Hoje, eles compreendem melhor e adoram Helena. A decisão de contar à família sobre sua preferência afetivo/sexual era uma das dificuldades de sua caminhada de vida, e considerada por ela a mais difícil, a de se assumir homossexual. Mas para Isabelle, não se tratava de uma opção entre o lado mais fácil – heterossexual – e o lado mais difícil – homossexual. Era uma questão de ser feliz ou infeliz com base em suas escolhas. E ela optou pela felicidade.

★★★

Helena sempre teve um lado materno muito forte. Aos 18 anos, tatuou três estrelas no pé direito, em referência aos três filhos que sonhava em ter. A vontade de ser mãe vinha desde criança. E não era só ter filhos. Teriam de ser três e queria tê-los ainda nova, para poder curtir a maternidade com mais fôlego. E teve. Aos 22 anos, casou-se com um homem e teve três filhos. Erik, Lucas e Fernanda nasceram logo nos primeiros anos do casamento.

O marido, 20 anos mais velho, partilhava com Helena o sonho de ter filhos. A sexualidade dela não era segredo para ele nem para ninguém, mas a aspiração em comum impulsionou a ideia de casamento nos dois. Contudo, os anos passaram e o casamento não deu certo, visto que Helena e o marido eram completamente diferentes. As diferenças começaram a pesar negativamente e, decidida, ela pediu o divórcio.

Helena alugou um apartamento e, com os filhos ainda muito pequenos, formou um novo lar. No início, ela estava muito confusa com tudo. Tinha de explicar aos filhos que os pais não estavam mais casados; precisava pensar em como falaria com eles se arrumasse uma namorada. E, principalmente, precisava descobrir como criaria sozinha três crianças ainda muito pequenas. Com o fim do relacionamento, o pai tentou ganhar a guarda das crianças, alegando que a sexualidade da mãe era nociva aos filhos e fez um verdadeiro terror psicológico com a ex-mulher. A advogada de Helena a tranquilizou ao dizer que essa alegação não faria com que ela perdesse as crianças. Todavia, ela estava bastante temerosa, pois não conseguia sequer imaginar sua vida longe dos filhos, que eram tudo para ela.

A possibilidade de perder as crianças a deixava em pânico e ela passou muitas noites em claro por causa disso. Durante a audiência de guarda, a juíza não se pronunciou até que o integrante do Ministério Público desse seu parecer. Helena guarda a última frase do texto até hoje em sua memória: "A opção sexual da mãe não influencia, em nada, na capacidade dela em cuidar dos filhos menores". Com o parecer favorável do órgão ministerial, a juíza concedeu a guarda a Helena.

Com a situação da guarda resolvida, agora Helena tinha de contar à filha e aos filhos como seria a família deles a partir daquele momento. Ela já tinha lido em livros e revistas que, a depender da criança e de como ela fica sabendo da separação dos pais, ela pode se sentir culpada. Como não queria que os filhos se sentissem assim, Helena tentou contar, de forma bem lúdica, o que estava acontecendo. A mãe colocou os três no sofá e sentou em uma cadeira na frente deles. Antes de começar a falar, ela olhou para os filhos sentados, todas com chupeta na boca, e pensou em quão pequenos eles eram. Mesmo assim, explicou pacientemente que o "papai" e a "mamãe" não eram mais "namorados", mas que ainda eram amigos.

Helena ainda não sabia como seria sua vida amorosa dali para frente. Ela queria recuperar o tempo perdido, mas não podia expor os filhos a relacionamentos casuais. Agora, ela se considerava uma daquelas malas que vêm com três malinhas pequenas no conjunto. E ela tinha de proteger suas malinhas a qualquer custo.

Solteira novamente, Helena acreditava que nenhuma mulher ia querer nada sério com ela, por causa dos filhos. Mas estava enganada. Quando dizia que tinha dois filhos e uma filha, de 5, 2 e 1 ano, as mulheres quase se derretiam. Foi uma surpresa. No entanto, mesmo voltando a ficar com mulheres depois de tantos anos, Helena jamais levou alguma para sua casa, pois seu lar também era o das crianças, e essa era uma condição primordial de respeito com a família e com a casa em que moravam.

Algumas até ficavam bravas, porque não podiam conhecer as crianças nem irem à sua casa. Mas para Helena, a regra era clara: namoro-namoro, família-família. Ela não ia confundir os elementos nem apresentar inúmeras namoradas aos filhos até encontrar a pessoa certa.

Em um sábado em que as crianças estavam na casa do pai, de acordo com o calendário de visitação, Helena foi para uma festa de aniversário da sua velha amiga Flávia. E quem estava lá? Isabelle.

Como fazia muito tempo que as duas não se viam, elas ficaram batendo papo sobre todo tipo de assunto e uma foi atualizando a outra sobre o que tinha acontecido em todos os anos sem se verem. Helena contou que já tinha casado, tido três filhos e agora estava divorciada. Isabelle contou sobre a conclusão da faculdade e da pós-graduação que estava fazendo. Depois da longa conversa, elas foram para a pista de dança e Helena disse que iria ao banheiro. Isabelle a acompanhou. Quando Helena estava saindo do banheiro, ainda na porta, Isabelle a puxou e a beijou.

Elas começaram a namorar e, apesar de gostar de Isabelle, Helena ainda tinha dúvidas se o relacionamento iria dar certo e se deveria apresentá-la aos filhos. O tempo e a insistência de Isabelle, no entanto, convenceram Helena a apresentá-la como a "amiga da mamãe". Naquele momento, Helena já acreditava que o namoro estava sério e também confiava no caráter da namorada.

Depois que Isabelle conheceu as crianças e a relação das duas ficou bem séria, outra questão surgiu na vida de Helena: como contaria para os filhos que era gay? Ela já tinha lido como contar para os pais que era gay, como se aceitar gay, mas não tinha visto nada a respeito de como falar com uma criança sobre esse assunto. Erik, Lucas e Fernanda não conheciam nenhuma família homoafetiva, então essa composição seria inteiramente nova para eles. Novamente, Helena reuniu os filhos e teve uma conversa franca, como de costume.

Ela foi explicando que existiam diversos tipos de família, algumas com papai, mamãe e filhinho, outras só com mamãe e filhinho ou só com papai e filhinho, ou, ainda, famílias dois pais e filhos ou duas mães e filhos. E explicou que, no caso deles, seriam duas mamães e três filhinhos, pois a tia Belle era a namorada da mamãe. Ela tentou explicar da forma mais didática possível para que os filhos não se perdessem na explicação. Até que ela parou e perguntou:

– Então, o que vocês acham disso?

Com 5 anos, Erik, o mais velho, respondeu à pergunta da mãe:

– Mamãe, tem amor, não tem?

– Tem.

– Tem respeito, não tem?

– Tem.

– Ah! Então é família. Tá tudo bem!

A partir daí, a tia Belle passou a ser cada vez mais presente na vida das crianças. Assim como é hoje. Eles defendem que têm duas mães e até levam café da manhã na cama para as duas no Dia das Mães. Helena não se preocupa com o futuro dos filhos e da filha quanto a esse tema. Ela acredita que o amor e o respeito que vivencia em seu lar os fará entender que o tipo de constituição familiar que eles têm não é o que importa, e sim o convívio.

★★★

Erik, Lucas e Fernanda estudavam em uma escola muito tradicional no Rio de Janeiro. Em uma das aulas de Lucas, quando ele ainda era bem pequeno, a professora reuniu os alunos em círculos para que cada um falasse de sua família. Entusiasmado, Lucas contou aos amigos e à professora que sua mãe tinha uma namorada. Sem entender, a professora falou que ele estava errado, porque, na verdade, a mãe dele tinha um namorado. Lucas ficou impaciente e começou a dizer: "Sim, minha mãe tem uma namorada", repetidamente. A professora continuou insistindo que era um namorado, até que o menino disse que o nome da namorada era tia Belle. A professora, sem saber o que fazer, preferiu mudar de assunto e não falar sobre constituições familiares homoafetivas.

Posteriormente ao episódio, Helena foi chamada à escola. Sem saber do que se tratava, ela se sentou em frente à diretora, à psicopedagoga, à professora e à auxiliar de Lucas, que estavam à sua espera. A diretora da escola começou a conversa perguntando se era verdade o que Lucas tinha dito, pois se não fosse precisariam trabalhar a questão da mentira na criança. Helena, clara e tranquilamente, explicou que era verdade, que ela realmente tinha uma namorada que se chamava Isabelle, e que os filhos a chamavam de tia Belle.

A direção explicou para Helena que ela era a primeira mãe de aluno a relatar e assumir uma composição familiar homoafetiva na escola. Explicou também que eles não estavam preparados e, muito menos, sabiam lidar com essa situação. Helena, nesse momento, olhou para a estrutura enorme do colégio e perguntou, num misto de graça e desespero, como uma instituição daquele porte nunca tinha parado para pensar em como lidaria com uma família homoafetiva. Diante da desmotivação, Helena decidiu trocar os filhos de escola.

Dessa vez, quando foi escolher um novo colégio para Erik, Lucas e Fernanda, antes de matriculá-los, a primeira pergunta de Helena era se a escola estava preparada para receber famílias homoafetivas. O ex-marido de Helena havia encontrado uma instituição que, segundo ele, seria perfeita para os filhos e pediu que ela fosse lá conhecer. Ao entrar, Helena e Isabelle se encantaram com a estrutura do colégio, que se assemelhava às escolas de primeiro mundo, com tudo muito limpo, organizado e moderno. Mas era uma escola católica, e Helena temia que alguma posição religiosa pudesse influenciar no plano pedagógico ou no tratamento dispensado às crianças por serem de uma família homoafetiva.

Assim, Helena e Isabelle foram conversar com o diretor da escola e, logo de cara, ela reparou que ele carregava um desses broches de santo com fitinha em um dos bolsos da camisa. Helena desacreditou, naquele momento, que os filhos poderiam estudar ali. Achou que o diretor fosse jogar água benta na cara dela.

Mesmo com receio, elas perguntaram, imediatamente, se aquela escola estava preparada para receber crianças de uma família homoafetiva. A resposta foi inesperada. O diretor lhes contou que sua ex-esposa convivia, hoje, com outra mulher e que elas criavam o filho deles juntas e muito bem, e que, sim, a escola estava muito bem preparada para essa composição familiar. Disse ainda que a escola tinha estudantes de quatro famílias homoafetivas.

A fase de adaptação com a mudança de colégio foi mais difícil para Fernanda, pois tudo era muito novo. A menina teve uma crise de insegurança e começou a pedir que ligassem para suas mães. A escola, após o pedido da menina, entrava em contato com as mães de Fernanda e explicava que a menina estava pedindo que a mãe Helena e a mãe Belle fossem para lá.

Hoje, Helena sempre pergunta aos filhos se eles sofrem alguma discriminação nessa nova escola, e eles respondem que não, mesmo contando aos coleguinhas, abertamente, que possuem duas mães e um pai. Helena ainda relata que, um dia, eles até chegaram em casa comentando que um amigo tinha achado o máximo a família deles. A preocupação das mães é que os filhos sofram preconceito, pois sabem que não poderão proteger as crianças o tempo todo.

★★★

Para Isabelle, a vida, que era de uma pessoa solteira, passou, em alguns meses, a ser uma vida de cinco pessoas. Para ela, ficar com Helena era ficar também com as crianças, e ela aprendeu a amar os três aos pouquinhos. Então, era isso. Assumir o pacote inteiro, não importando a quantidade de filhos, era levar a mala, as malinhas e cuidar de todas com amor.

Erik, Lucas e Fernanda incluem a tia Belle em tudo. E se ela demora a chegar em casa, eles cobram a sua presença.

Isabelle tem vontade de gerar um bebê com suas características biológicas e Helena apoia a esposa, mas o receio de que nasçam gêmeos adia esse sonho da família, pois seriam cinco crianças em casa. Helena costuma brincar que teriam de comprar uma kombi para caber todo mundo.

Para Helena, seus três maiores projetos de vida são seus filhos. Para Isabelle, mesmo que algumas pessoas se assustem com o fato de ela namorar uma mulher com três filhos, ela sabe que já pertence a essa família. Helena costuma acalmar a esposa e dizer que, se for para terem quatro ou cinco filhos, estará com ela para qualquer decisão.

Será mais uma malinha nessa bagagem. Será mais um membro amado ou amada pela família.

SABRINA
A família que nasceu on-line

Em dezembro de 2013, quando eu estava em Brasília, uma das mulheres que entrevistei na cidade me falou de Sabrina. Ela me contou um pouco sobre a história da amiga e me passou o contato dela, caso eu tivesse interesse em entrevistá-la. Logo depois, quando voltei ao hotel, liguei para Sabrina, me apresentei, expliquei o porquê da ligação e perguntei se poderíamos nos encontrar antes que eu fosse embora da cidade. Solícita, ela se dispôs a me encontrar na sexta-feira, 13 de dezembro, em um Centro Clínico. O local escolhido por ela ficaria próximo para nós duas.

Acordei bem cedo no dia marcado, pois queria garantir que, mesmo se eu me perdesse na cidade, chegaria no horário, às 9 horas. Desci do ônibus, entrei no Centro Clínico, que fica na Asa Sul de Brasília, e logo a vi sentada em um café, concentrada no que fazia em seu notebook. Reconheci Sabrina rapidamente, pois havíamos nos adicionado no Facebook pouco depois da ligação. Abraçamo-nos e eu me sentei na cadeira à sua frente.

Durante a entrevista, observei bem aquela mulher de 49 anos, cabelos lisos, pretos mas com alguns fios brancos, que usava óculos de armação prata e vestia uma blusa florida com uma jaqueta cinza por cima. Sabrina tinha uma pose elegante, falava com uma postura altiva e articulava muito bem as palavras com um sotaque carioca não muito carregado. Atribuí a capacidade de se expressar tão bem à sua formação em Letras, pois Sabrina me contou que faz mestrado e trabalhou durante 24 anos em um organismo internacional em Brasília. E logo entendi o porquê do seu jeito de falar: ela explicou que morava há muito tempo em Brasília, mas tinha nascido no Rio de Janeiro.

Ela é casada com Clara, de 52 anos, e juntas são mães de Caio, 15 anos. Clara tem mais dois filhos; Matheus, 22, e Renata, 18, frutos de um casamento anterior, também com outra mulher.

★★★

Sabrina nasceu na cidade do Rio de Janeiro, mas aos 16 anos foi morar com a irmã em Brasília. Mas quando saiu do Rio de Janeiro, começou a sentir muita falta de Mabel, sua amiga desde a infância. Elas faziam quase tudo juntas, dormiam uma na casa da outra, iam a festas, saíam para passear e se divertiam. Sempre juntas. Antes de se mudar para Brasília, Sabrina acreditava que essa ligação era uma forte amizade, mas, assim que chegou à cidade, ela se deu conta de que sua amizade com Mabel era algo a mais e que ela gostava da amiga de outra forma.

Angustiada com esses pensamentos, Sabrina ficou em dúvida se continuava só namorando meninos, para seguir o padrão que esperavam dela, ou se vivenciaria o que estava sentindo. Dividida, ela decidiu voltar ao Rio de Janeiro após um ano e meio morando em Brasília, mas seu intuito não era reencontrar Mabel, e sim conhecer melhor o que rondava seus pensamentos.

Já na capital carioca, com desejo de experimentar relações com pessoas do mesmo sexo, ela começou a frequentar boates e outros lugares destinados ao público LGBTI. Nessa fase, Sabrina se permitiu exagerar, pois precisava testar de tudo. Teve diversas experiências, até que, aos 22 anos, iniciou um relacionamento sério com uma mulher e, a partir daí, começou a levar uma vida mais pacata. O período de experimentação tinha passado.

Ela continuou namorando mulheres e, às vezes, alguns homens até quando voltou a morar em Brasília, aos 24 anos. Sua irmã lhe avisou sobre uma vaga de emprego temporário, por três meses, no local em que trabalhava. Animada com a oportunidade, Sabrina pediu uma licença sem vencimento na empresa em que trabalhava no Rio de Janeiro e foi passar três meses em Brasília com a irmã e a sobrinha recém-nascida.

Após os três meses de trabalho no organismo internacional, foi solicitado que Sabrina ficasse mais três meses. Como gostava do emprego e o salário era bom, resolveu arriscar: largou o trabalho no Rio de Janeiro e ficou de vez em Brasília. Depois dos seis meses de trabalho temporário, foi aberto um processo de seleção para uma vaga e ela foi aprovada.

Cerca de um ano após a mudança definitiva para Brasília, Sabrina conheceu uma mulher chamada Joana, com quem teve sua primeira experiência em uma formação familiar com filhos. Joana tinha uma filha biológica de um ano de idade, Andreia, que foi criada pelas duas nos oito anos em que ficaram juntas. Após a separação, Sabrina sofreu muito por se afastar de Andreia, e apesar de tentar manter um vínculo com a menina, a relação das duas ficou muito difícil e elas acabaram se afastando, porque Joana estava magoada com Sabrina.

Durante a entrevista, Sabrina me contou que reencontrou Andreia recentemente nas redes sociais e que, às vezes, elas saem para conversar e almoçar juntas.

★★★

Logo após o fim do relacionamento e da perda do vínculo com a enteada, Sabrina passou praticamente um ano trancada em seu apartamento. Triste e solitária, passava dias trabalhando em casa, pois achava mais seguro ficar apenas na companhia dos gatos. Ela não queria correr o risco de que alguém a olhasse, pois estava tão carente que tinha medo de se apaixonar pelo primeiro ou primeira que aparecesse.

Em 1999, Sabrina via seus amigos falando sobre a novidade dos chats on-line e teve curiosidade de experimentar. Na época, existia um programa de comunicação instantânea chamado ICQ – acrônimo feito com base na pronúncia das palavras "I Seek You" – e Sabrina o utilizou por algum tempo, até que decidiu conhecer outra plataforma, dessa vez um site que dava acesso a inúmeras salas de bate-papo com os mais diversos temas, com participantes de toda parte do mundo.

Curiosa, Sabrina entrava em diversas salas e achava tudo muito engraçado porque considerava as pessoas do ambiente meio vazias e achava impressionante como elas gastavam seu tempo com bobagens. Afinal, querer saber qual peça íntima a pessoa estava usando não fazia parte do que ela considerava uma conversa proveitosa.

Certa noite, Sabrina viu uma pessoa no chat que chamou sua atenção. Achou-a interessante, porque, assim como ela, a mulher não tinha utilizado apelidos bobos para se identificar, coisa comum naquele espaço. Sabrina continuou só acompanhando as conversas da sala, até que viu quando Clara deu uma descompostura inteligente em um dos participantes. Ela relata que não lembra o que foi, mas que na ocasião teve a impressão de que poderia existir vida inteligente em algum lugar além do monitor de seu PC 486. Sabrina iniciou uma conversa reservada com Clara, que durou o quanto permitiu a baixa qualidade da conexão discada.

No dia seguinte, entusiasmada, Sabrina retornou à mesma sala à procura de Clara, mas ela não estava on-line. Sabrina deixou recado no bate-papo, sem êxito. Inconformada com o sumiço da única pessoa com quem conseguiu ter uma conversa agradável, ela passou a deixar inúmeros recados e a entrar constantemente no mesmo chat em busca de Clara. Somente após um mês, aproximadamente, Sabrina conseguiu reencontrar Clara no chat, mas não pôde conversar com ela, já que a sala era reservada para assinantes e Sabrina tinha acesso de visitante. O jeito era se tornar assinante do site.

Depois do reencontro, Sabrina conheceu um pouco mais da vida de Clara e elas começaram a trocar cartas e telefonemas constantemente. Clara era formada em Filosofia, dava aulas, era casada com outra mulher e tinha dois filhos. O casamento, no entanto, não ia bem, e ela e a esposa estabeleceram um trato de que ambas podiam ter namoradas pela internet, mas que não podiam encontrá-las pessoalmente.

A troca de cartas passou a ser diária: eram blocos e blocos de papéis variados, escritos com canetas de bico de pena. Depois de dois meses de comunicação a distância, Clara foi conhecer Sabrina em Brasília. Ainda que elas trocassem palavras de amor, nenhuma das duas tinha visto fotos da outra. Elas combinaram que só se veriam no aeroporto, pessoalmente. Contudo, um dia antes da chegada de Clara, Sabrina, apreensiva, enviou uma foto sua. Clara, em seguida, também enviou uma foto, e, no dia do encontro no aeroporto, a surpresa não foi tão grande assim – e nem importava muito, pois as duas tinham certeza de que se amavam e queriam se casar mesmo sem nunca terem visto a cara uma da outra.

A intimidade com que Clara e Sabrina falavam ao telefone e escreviam cartas mostrou-se idêntica pessoalmente, e elas puderam perceber o quanto cada uma era "real". Ao saírem do aeroporto, as duas foram para o apartamento de Sabrina e lá passaram a noite. No dia seguinte, Sabrina convidou Clara para almoçar e conhecer as suas amigas mais críticas, pois elas diriam com franqueza o que achavam de tudo aquilo. Após um par de horas, Sabrina percebeu que Clara já estava bem enturmada com Bárbara e Antonieta. Ela estava sendo abraçada pelas duas ao mesmo tempo e sendo chamada de Clarinha. "Está aprovada", pensou.

Clara só passou um fim de semana em Brasília, porque precisava voltar ao Rio de Janeiro para resolver sua situação com a esposa. Como o casamento já estava praticamente terminado, elas decidiram que se separariam de vez. Acertado o fim do relacionamento, começou o vaivém entre Brasília e Rio de Janeiro. Elas se encontravam uma vez por mês, em finais de semana ou em feriados um pouco mais longos. O resto do tempo era empregado em cartas e horas, muitas horas ao telefone. Sabrina conta que sua conta de telefone fixo na época ficava em cerca de R$ 1.000,00.

Pouco mais de um ano depois do primeiro encontro, Sabrina estava exausta do relacionamento a distância. Então, ligou para Clara e perguntou se ela não aceitava ir morar em Brasília, uma vez que elas economizariam com passagens e conta de telefone, e também argumentou que elas ficariam juntas e procurariam outro emprego para ela. Além de ser mais econômico se Clara se deslocasse para Brasília, elas teriam uma estrutura melhor para o casal, já que, após a separação, Clara estava morando com o pai no Rio de Janeiro. Clara aceitou a oferta da namorada e, um mês após sua chegada na cidade, já estava empregada.

Sabrina buscou Clara no aeroporto e, quando chegaram ao apartamento, viram a inauguração de um estabelecimento ali perto. A comemoração tinha fogos de artifício que podiam ser vistos da varanda, e Sabrina não pôde evitar a brincadeira:

– Encomendei os fogos em homenagem à sua chegada.

Clara chegou em Brasília no dia 29 de dezembro de 1999, exatamente dois dias antes do nascimento de seu filho, um menino que elas conheceriam cinco anos depois, e que acabaria sendo adotado por elas.

★★★

Elas foram amadurecendo a ideia de adotar uma criança, e, no início de 2004, Clara deu entrada no pedido de habilitação na Vara da Infância. Acharam melhor apenas uma delas dar entrada no pedido, como mãe solteira, pois acreditavam que seria mais difícil conseguir a adoção se entrassem como uma família homoafetiva. Sabrina, às vezes, acha que elas poderiam ter sido mais corajosas na ocasião, mas, ao mesmo tempo, pondera que não queriam ficar reféns da decisão de um juiz sobre a sua composição familiar. Preferiram não falar.

A habilitação saiu em agosto. Em outubro, Clara recebeu uma ligação perguntando se ela tinha disponibilidade para conhecer um garoto de 4 anos, que havia entrado na fila há pouco tempo. Apesar do perfil escolhido por elas ter sido de um menino de até 3 anos, elas não viram problema com a idade da criança. Sabrina e Clara foram juntas visitar Caio, que, apesar de mal-humorado, deixou as duas mulheres apaixonadas.

Após o primeiro contato, Clara e Sabrina passaram a visitá-lo diariamente durante o estágio de convivência. Clara ia à noite e cantava para o menino dormir. Sabrina ia no intervalo do trabalho e almoçava com o garoto. Apesar de não estar habilitada, ela acompanhou todo o processo como membro da família. O estágio de convivência foi tranquilo e, às vezes, Caio passava o fim de semana na casa delas e depois voltava para o abrigo, até o dia em que o juiz permitiu que o garoto fosse morar com a nova família.

Quando entrou no apartamento de suas mães, Caio ficou observando os 60 m² e sentou emburrado no sofá. Ao observá-lo, Sabrina concluiu que os três não poderiam morar ali, pois o menino estava acostumado a viver em um local grande, com muito espaço para correr. Juntas, decidiram alugar uma casa até conseguirem vender o apartamento e comprar uma casa ou um terreno para construir uma.

Aos 11 anos, entrando na fase da adolescência, Caio começou a demonstrar insatisfações em relação às mães e também à vida que levava. O menino até tentou ofendê-las, chamando-as de "sapatão" algumas vezes. Clara e Sabrina encararam isso como crise de adolescente e como reflexo da dificuldade que o menino enfrentava na escola e levaram a situação com paciência; depois de algum tempo, o filho apresentou melhora no comportamento. Mais recentemente, Sabrina deixou o emprego no organismo internacional em que trabalhava e passou a dedicar-se integralmente ao mestrado e à família. Isso melhorou muito sua relação com o filho.

★★★

Caio chama Clara de mãe, e Sabrina de madrinha. Elas chegaram à conclusão de que eram denominações boas e que não gerariam perguntas de quem escutasse. Mesmo vivendo abertamente como um casal para o filho e para todos que as conhecem, Sabrina e Clara não se sentem prontas para expor o rosto na televisão ou em revistas. Embora não escondam a formação familiar, preferem não aparecer tanto.

Caio ainda é registrado apenas no nome de Clara, mas Sabrina pretende adotá-lo também, pois acredita que o filho fica juridicamente desprotegido com apenas o nome de uma das mães na certidão. Durante um passeio, quando estavam no carro, Caio virou para Sabrina e falou:

– Madrinha, você é uma lésbica!

Achando graça, ela virou para ele, com uma expressão séria, e disse:

– Caio, você é negro!

O menino continuou:

– É. Eu sou negro e adotado por uma lésbica!

Sabrina corrigiu:

– Não. Você é negro e adotado por DUAS lésbicas gordas.

Nesse momento, os três riram da quantidade de rótulos criados pela sociedade que existiam naquela família.

BETH e FABI
Quem é o pai de Miguel?

Em abril de 2014, fui à Recife entrevistar Elizabeth e Fabiane, ambas de 40 anos. Como tinha uma viagem programada para a capital pernambucana naquele mês, conciliei as duas atividades. Observei, em uma das comunidades sobre famílias homoafetivas do Facebook, uma enquete na qual as pessoas indicavam o estado em que viviam. Para minha surpresa, Pernambuco estava quase no topo da lista. Fiquei admirada, pois, mesmo morando há 21 anos no estado, não conhecia pessoalmente nenhuma família formada por dois homens ou por duas mulheres com filhos.

Entre aqueles nomes de mulheres e de homens que marcaram que residem no estado, encontrei Elizabeth. Em sua página pessoal, vi que ela morava em Olinda e, logo depois, a adicionei na rede social para conhecê-la melhor. Trocamos algumas palavras, expliquei o meu projeto, falei sobre as entrevistas e perguntei se ela e a esposa gostariam de participar, uma vez que eu estava indo a Recife e gostaria de entrevistar uma família na capital. Elizabeth aceitou e sugeriu que eu fosse à sua casa conhecê-las e também o pequeno Miguel, de 2 anos. Fabiane é educadora física e Elizabeth trabalha como corretora de seguros.

Na noite anterior ao nosso encontro, liguei para Elizabeth para confirmar hora e local. Ao telefone, ela pediu que eu a encontrasse em um supermercado, que ficava mais próximo de onde eu estava hospedada, pois sua casa era distante e ela me buscaria. No dia seguinte, acompanhada de um amigo, fui de táxi até o ponto de encontro e esperamos em frente ao mercado por pouco tempo. Minutos depois, alguém, dirigindo um Nissan Versa prata, buzinou para nós. Era ela. Entramos no carro; eu me sentei no banco da frente e meu amigo, no banco de trás. Apresentamo-nos oficialmente e seguimos para Olinda ao som da música "Pra rua me levar", da cantora Ana Carolina. Levamos cerca de 20 minutos para chegar ao nosso destino.

Elizabeth é uma mulher de estatura média, branca, mas não pálida, com cabelos castanho-claros acima dos ombros; ela vestia uma camisa social branca e uma calça, também social, preta. No carro, ela estava de óculos escuros e usava um batom cor-de-rosa discreto. Ainda no caminho para casa, Elizabeth contou que vários de seus familiares moravam na mesma rua que ela: além do pai e da mãe, dois irmãos e os sobrinhos. Assim que pegamos um caminho de terra, ela estacionou em uma espécie de praça, só que bem menor, e conversou poucos minutos sem sair do carro com algumas pessoas que estavam sentadas em cadeiras no local. Após se despedir, ela nos explicou que eram seus pais e reiterou que a família morava ali, na mesma rua.

Segundos depois, já estávamos em frente à sua casa. Ela abriu o grande portão de ferro bronze e entramos. A casa, toda pintada de branco, tem um quintal espaçoso na frente e um corredor largo, que dá acesso à sala de jantar. Entramos por essa porta e encontramos Fabiane e Miguel na cozinha. Fabiane, que tem a pele mais clara que a da esposa, vestia um short jeans justo, comprido e uma blusa cinza. Seus cabelos, cacheados e pretos, estavam presos. Quando ela sorriu para mim, vi que usava aparelho nos dentes.

Todos nos cumprimentamos e resolvemos começar a entrevista. Elizabeth sentou-se em uma poltrona e Fabiane, em um banco, um pouco afastada. Eu e meu amigo ficamos sentados em um sofá preto, em frente às duas. Miguel, que pareceu serelepe, andava de um lado para o outro, ria e fazia algumas manhas ao mesmo tempo. A cadela da família, uma yorkshire terrier chamada Nina, ficou curiosa com a movimentação e não saiu de perto do sofá onde eu estava sentada.

Antes de irmos embora, Elizabeth fez questão de nos mostrar todos os cômodos da casa. Orgulhosa, ela contou que o terreno era de sua família, mas que ela e Fabiane trabalharam muito para construir o que tinha ali.

— Eu mesma que desenhei tudo — ela contou animada.

A casa tem uma sala e uma cozinha grande na parte de baixo e quatro quartos no primeiro andar. Subimos as escadas, e ela mostrou o quarto de Miguel, todo pintado de verde, com papel de parede e prateleiras. No entanto, eu estranhei, pois não tinha cama nem berço. E então ela explicou que o filho não dormia naquele quarto ainda, e sim no delas. Rindo, Elizabeth disse que elas pretendem acostumá-lo a dormir no próprio quarto, só não sabem quando.

    Elizabeth aproveitou o assunto e nos levou para conhecer o seu quarto, que tem uma cama de casal no meio, o berço de Miguel de um lado e a cama de Nina do outro. Segundo ela, a cadela ficou com ciúmes quando o bebê nasceu e não puderam deixá-la dormir fora do quarto, já que Nina sempre havia dormido na cama com elas. Ela se divertiu ao admitir que fez vários quartos na casa, mas que todos dormiam só em um.

★★★

    Embora tenha nascido em Teresina, no Piauí, Elizabeth, mais conhecida como Beth, passou a juventude e a infância em Olinda, assim como Fabiane, a Fabi. Durante a juventude, Beth tinha alguns amigos da escola que moravam na mesma rua que Fabi. E foi assim que ela a conheceu. Com o tempo, Fabi, Beth e diversos colegas da escola e da rua formaram uma bela turma de amigos. Dentro e fora desse grupo, aconteciam flertes e alguns namoros mais sérios. Beth, extrovertida, sempre estava com algum namoradinho. Já Fabi, mais discreta, era apaixonada por um colega de igreja.

    Fabi, desde pequena, frequentava a igreja evangélica. Quase toda sua família é formada por evangélicos. No entanto, apesar de ir ao culto, ela se perguntava por que a mãe se mostrava veemente no templo, mas em casa não existia estudo bíblico nem outras ações ligadas ao que aprendiam lá. Fabi ia à igreja, mas sempre questionava a sua relação e a da família com a religião.

    Como tinham a mesma turma de bairro, Beth e Fabi se aproximaram e se tornaram grandes amigas. Nas férias e nos feriados, elas e mais algumas pessoas do grupo costumavam ir para a casa de praia da família de Beth para se divertir. Às vezes, quando a turma não podia ir, as duas amigas iam sozinhas para fazer a manutenção da piscina. Nessas idas à casa de praia, Beth começou a perceber que a amizade com Fabi era mais forte do que pensava.

    Queria estar sempre perto dela, dava presentes, escrevia cartas e sentia ciúmes. Embora a amiga não desse muita atenção àquela amizade "possessiva", Beth sentia ciúme de todos os namorados que Fabi arranjava e insistia em sempre estar por perto. Com o tempo, a amizade se transformou em algo que elas não sabiam explicar. Eram amigas, mas trocavam carinhos de forma distinta das outras amizades.

Aos 16 anos, num dos finais de semana em que estavam sozinhas na casa de praia, as duas deitaram de lados opostos em uma rede. Após alguns minutos ali, reclinadas naquela posição, Fabi, tranquilamente, pediu que a amiga mudasse de lugar. Beth assentiu e deitou ao lado dela. As duas ficaram lado a lado, se entreolhando, até a paquera no olhar se transformar em um longo beijo. Com os corações acelerados, elas não sabiam bem o que estavam fazendo, mas continuaram trocando beijos e carícias.

Quando voltaram para casa, Beth e Fabi conversaram e combinaram que "aquilo" não aconteceria de novo. Não saberiam explicar para a família e não teriam como sustentar uma relação entre as duas, porém o que foi decidido em minutos não foi cumprido no decorrer dos dias. Sem conseguirem se afastar, passaram cerca de seis anos em uma espécie de "amor escondido". Para disfarçar, ambas namoravam meninos. E os namorados de Fabi costumavam odiar Beth pelo apego, que ela não disfarçava, por Fabi. Nessa época, a única pessoa que ambas conheciam que se relacionava com outras mulheres era uma prima de Beth, que foi uma das primeiras pessoas a saber sobre o relacionamento das duas e que apresentou diversos amigos gays ao casal.

Sem saber muito sobre homossexualidade, Fabi e Beth, após seis anos escondendo o que sentiam, começaram a se assumir e a ter amigos e amigas homossexuais, e não tinham mais namorados para "disfarçar". Contudo, ainda não falavam sobre a relação com os familiares.

Já formadas e trabalhando, Beth e Fabi decidiram que não podiam esperar mais e que estava na hora de irem morar juntas. A prima de Beth, quando soube da intenção delas, resolveu presentear o casal com uma geladeira para a nova moradia, e Beth aproveitou o momento para também comprar um fogão. Entretanto, quando o pessoal da loja ligou para saber onde deveria entregar os eletrodomésticos, Beth pediu que levassem para a casa de seus pais. Assim que foi questionada sobre o que aquela geladeira e aquele fogão faziam ali, Beth inventou que uma amiga tinha pedido para guardá-los lá por algum tempo.

Nessa fase em que elas estavam decidindo como realizariam o sonho, Fabi recebeu um telefonema da irmã, que mora em Campina Grande, na Paraíba, sugerindo que Beth e Fabi fossem viver na cidade. Após refletir, Fabi aceitou o convite da irmã e se mudou. Beth ficou em Olinda, mas prometeu se organizar para ir em seguida. Pela primeira vez, em todos aqueles anos, elas ficaram separadas. Nessa época, as duas sofreram muito, porque só se viam nos fins de semana quando Beth ia visitar Fabi. Sem aguentar a distância, e como queriam morar juntas logo, três meses após a partida da namorada, Beth também se mudou, apesar da insistência da família para que ela ficasse.

Após oito meses em Campina Grande, elas foram viver em João Pessoa, também na Paraíba, mas logo depois Fabi ficou desempregada. Com a situação financeira mais complicada e com os familiares de Beth insistindo para que elas voltassem, as meninas decidiram regressar a Olinda. Retornando à cidade, por mais que tivessem certeza da relação, elas voltaram a morar na casa dos pais, e ambas sofriam por viverem separadas de novo.

A mãe de Beth, ao observar o sofrimento da filha, logo identificou o motivo. Como queria ver Beth feliz, ela se ofereceu para pagar o aluguel de um apartamento para as duas. Beth não aceitou, mas ficou muito feliz por perceber que a mãe tinha compreendido e aceitado sua relação com Fabi.

Um ano e seis meses depois, mais estabelecidas profissionalmente, elas voltaram a morar juntas. Em 2006, compraram um apartamento em Recife e então começaram a pensar em ter um filho. A ideia ainda era abstrata, mas Beth, receosa de como a família reagiria a um filho delas, abordou a mãe de surpresa e contou o que estavam planejando.

– Ah, é? Legal! – a mãe respondeu.

Nesse momento, Beth sentiu um grande alívio por ter compartilhado seus planos com a mãe e também com a resposta dela. Apesar de não falarem abertamente para os familiares que eram um casal, como moravam e sempre andavam juntas, com o tempo todos os conhecidos já sabiam que Beth era esposa de Fabi e vice-versa. Contudo, Beth ainda tinha receio de morar em Olinda, onde todos as conheciam, e viver com outra mulher no mesmo bairro em que elas foram criadas. Assim, permaneceram em Recife.

Em 2008, elas já estavam certas de que teriam uma criança. Inicialmente, decidiram que o filho viria pela adoção. Beth e Fabi optaram por fazer uma adoção consensual,[16] mas o plano não deu certo e, então, elas

---

[16] A adoção *intuitu personae* é a conhecida adoção consensual, em que a família biológica, comumente apenas a mãe, eis que desconhecido ou ausente o pai, entrega a criança em adoção a pessoa conhecida (*Estatuto da Criança e do Adolescente (ECA)* – Art. 45, caput e art. 166).

decidiram recorrer a um procedimento médico, que acabaram considerando mais seguro, pois não corriam o risco de a genitora desistir de entregar a criança.

As duas tinham o desejo de ser mãe, mas Beth gostaria de gerar o bebê. Mas, ao verificar que ela e sua família tinham um histórico de saúde mais complicado, decidiu que a esposa deveria gerar o filho. Embora Fabi estivesse receosa por considerar o processo de inseminação/fertilização muito mecânico, elas marcaram uma consulta e, depois de três meses, foram atendidas. Por mais que soubessem do alto custo do procedimento, elas se surpreenderam quando viram os preços muito mais altos do que o imaginado. Mas, como estavam decididas, esperaram algum tempo para conseguir juntar metade do dinheiro; Beth pediu o valor da outra metade emprestado a uma amiga e fizeram uma inseminação artificial, que é mais barata. O resultado sobre a possível gravidez sairia no dia do aniversário de Beth – 23 de outubro de 2010 –, e todos estavam na expectativa. Mas o resultado foi negativo.

Desanimadas com a tentativa sem sucesso, Beth e Fabi resolveram juntar dinheiro e fazer uma fertilização *in vitro*, já que esse procedimento aumentaria as chances de gravidez. A fertilização é mais cara que a inseminação e elas tiveram de esperar dois anos até que tivessem dinheiro suficiente para pagar o processo. Decidida, Beth vendeu o apartamento em que elas moravam e foi conversar com a família sobre um terreno que tinham em Olinda.

Além de conseguir o dinheiro para a fertilização com a venda do apartamento, Fabi e Beth acreditavam que seria melhor para o filho viver perto dos familiares. A rua era calma, elas teriam mais segurança e o apoio da família. Beth estava receosa sobre como seu pai lidaria com a situação. Para a surpresa de todos, ele disse à filha que ela e Fabi poderiam fazer como quisessem, ficar na casa dele ou construir no terreno da família, que ficava na mesma rua. Com o dinheiro da venda do apartamento, elas pagaram o tratamento e construíram a casa em que vivem hoje.

Mesmo com o dinheiro necessário, Fabi e Beth procuraram outros meios para conseguir algum desconto no procedimento. Em buscas na internet, Beth encontrou o site de um programa que auxiliava casais com renda até R$ 4.770,00 a terem filhos por meio de fertilização ou inseminação. Elas se cadastraram e receberam 50% de desconto no valor da medicação, que também é cara e é paga à parte. Fabi e Beth escolheriam o material genético de um doador que tivesse as características da família de Beth, já que Fabi geraria a criança.

Fabi iniciou o tratamento com hormônios e medicamentos até o período estipulado pela médica para a retirada dos óvulos. A profissional conseguiu retirar apenas quatro óvulos de Fabi. Durante a entrevista, ela explicou que, geralmente, as mulheres produzem muitos óvulos e os congelam, caso o tratamento não dê certo na primeira tentativa. No caso dela, apenas dois dos quatro óvulos estavam aptos à inseminação e a médica utilizou os dois. Depois de algumas semanas, temerosas de que a fertilização não desse certo, pois não havia mais óvulos e elas teriam de recomeçar o procedimento e pagar tudo de novo, o resultado chegou. Fabi estava grávida. Era Miguel!

Quando Miguel nasceu, Fabi e Beth já estavam morando na casa nova, em Olinda. Apesar da aceitação de seu relacionamento com Fabi por parte de sua família, Beth ainda temia que pudesse existir alguma distinção entre seu filho e os outros netos de seus pais. Mas, logo após o nascimento do menino – que contou com a presença das duas mães na sala de parto –, todos da família se renderam ao bebê. O avô, pai de Beth, foi um dos primeiros a pegá-lo no colo e exclamar:

– Meu neto!

Com o restante da família não foi diferente. Tias, tios, sobrinhos, avós recepcionaram a criança sem distinção. Fabi e Beth, às vezes, chegavam a pensar que muitas pessoas encaravam a chegada de seu filho, fruto de uma relação homoafetiva, sob duas óticas distintas. Não concordavam com a formação familiar do menino, mas não discordavam que ele pertencia àquela família, tanto nuclear quanto ampla.

Beth sempre teve uma relação mais próxima com a família do que Fabi e, consequentemente, Miguel tem mais contato com a família por parte dessa mãe. Contudo, apesar de mais distante dos pais, Fabi leva o filho para visitá-los e, às vezes, eles vão à casa delas para ver o neto. Em alguns domingos, o menino frequenta a escola dominical da igreja com o tio, irmão de Beth. Apesar de elas não seguirem a mesma religião, não veem problema no fato de o menino frequentar o local.

Fabi e Beth não costumam passar por situações constrangedoras por causa de sua formação familiar. Elas vivem em um bairro em que todos as conhecem e não escondem o relacionamento nem o filho, apesar de sempre responderem a perguntas, principalmente em lojas, sobre quem é a mãe de miguel. Elas respondem que são duas mães e as pessoas não fazem mais questionamentos.

Quando o menino nasceu, Fabi o registrou apenas em seu nome, para que depois Beth entrasse com o processo de adoção unilateral e acrescentasse seu nome na certidão de Miguel. Para que o processo fosse mais rápido e também para realizar um desejo das duas, em 17 de abril de 2014, uma semana depois que eu as entrevistei, elas se casaram no civil.

★★★

Ocasionalmente, Fabi e Beth costumam ser questionadas sobre quem é o pai de Miguel. A resposta é simples:
— Miguel não tem pai. Miguel tem duas mães.
Assim que descobriram que "estavam" grávidas, elas perceberam que alguns familiares e amigos ficaram receosos com o fato de o menino não ter uma figura paterna, mas essas perguntas diminuíram, pelo menos por parte dos adultos, quando Miguel nasceu. Dois sobrinhos de Beth certa vez perguntaram a Fabi o que ela faria se o menino, um dia, quisesse saber de quem foi o material genético utilizado na fertilização. Tranquila, ela respondeu que seria uma escolha dele.
Conforme o tempo passava, elas notaram que as pessoas pararam de se preocupar com a paternidade do menino e perceberam que poderia existir uma família de duas mães e nenhum pai. No entanto, as sobrinhas de Beth, ainda crianças, não conseguem entender por que o menino possui uma família diferente da delas.
— Tia, quem é o pai de Miguel?
Foi a pergunta de Emanuelle, sobrinha de Beth. Pacientemente, Beth explicou que o menino não tem pai e era filho da tia Fabi e da tia Beth. Mesmo demonstrando entender, a menina costuma repetir a pergunta. Também questiona se elas namoram, se beijam na boca e se são mesmo casadas. Em seus pensamentos infantis, a criança concluiu que Beth tinha um ex-marido e Miguel, um ex-pai. Com calma, as tias explicam que existem composições familiares com duas mães. Beth e Fabi acreditam que, talvez, a menina não compreenda totalmente por ainda não conviver com outras famílias homoafetivas além das delas.
Diferentemente da sobrinha e da maioria dos familiares, para quem são o único caso de família de duas mães, Beth e Fabi têm algumas amigas cuja formação familiar é como a delas. Além disso, buscam contato através das redes sociais para que Miguel possa conhecer outras famílias como a dele.
A chegada de Miguel trouxe outra dinâmica para a vida de Beth e Fabi. Como Fabi engravidou, ela passou a trabalhar menos, devido ao período da gestação e amamentação. Já Beth passou a conciliar melhor

seus horários para estar mais cedo em casa. Quando as duas mães estão trabalhando no mesmo período, Miguel fica com a mãe de Beth, que mora na mesma rua. Todas tiveram de se adaptar, inclusive a cadela Nina. Acostumada a "cuidar da casa", Nina perdeu o lugar na cama das mães para Miguel. Beth e Fabi decidiram que não poderiam deixar a cadela dormir junto a um bebê recém-nascido e, por isso, incentivaram Nina a dormir em um divã colocado ao lado da cama.

Nesse momento, entendi a disposição dos três móveis no quarto, quando Beth me mostrou a casa.

★★★

No dia a dia, Beth e Fabi passam por algumas situações engraçadas e outras nem tanto. Mas elas não costumam se constranger quando escutam algum comentário movido por preconceito. No trabalho, após a exibição do último capítulo da novela *Amor à vida*, que foi exibido no dia 31 de janeiro de 2014, um colega de Beth se mostrava indignado pela televisão brasileira exibir um beijo entre dois homens. Beth não se conteve e falou tudo o que pensava sobre aquele tipo de comentário. Para ela, o homem estava sofrendo ao ver a formação familiar de outras pessoas só porque era distinta da sua, mas não estava se incomodando com traição, mortes, violência e tantas outras condutas ruins expostas pela TV.

Ao contrário daquele colega, uma mulher no trabalho de Beth contou que também havia assistido ao final da novela, com toda a família, e que todos vibraram com o final feliz entre os dois homens. Beth ficou satisfeita por constatar que em seu ambiente de trabalho existiam pessoas que não eram homossexuais, mas que respeitavam as diferenças, inclusive quanto à sexualidade.

Certa vez, uma de suas amigas comentou que podia ser lésbica, mas ser "sapatão" já era demais. Beth olhou intrigada para a amiga, que, rapidamente, desculpou-se por usar esse termo. Sem entender o porquê da desculpa, ela explicou que, independentemente da roupa, ela também era "sapatão". Fim de papo.

Já Fabi costuma agir com mais delicadeza quando se depara com algum comentário desagradável sobre homossexualidade ou sobre relações homoafetivas. Uma de suas alunas, de mais de 70 anos, comentou o quão nojento achava duas mulheres se beijando. Com humor, Fabi questionou se ela gostava dela. Sem titubear, a senhora respondeu:

— Se eu gosto? Eu amo. Você é a melhor professora de todas!
Mesmo não explicando, Fabi chegou à resposta que queria.

★★★

O que Beth e Fabi quiseram esconder por seis anos transformou-se em um relacionamento de 25 anos. Os casais costumam comemorar essa data com as chamadas Bodas de Prata. A festa para elas foi poder oficializar a união, o que só foi possível somente após 23 anos juntas – quando foi aprovada, em maio de 2013, a resolução do Conselho Nacional de Justiça (CNJ) sobre a possibilidade do casamento civil entre pessoas do mesmo sexo.

DINHA
Foi por insistência em viver

    Estava em casa, conversando com minha irmã sobre os planos de entrevistar mulheres que se relacionam com outras mulheres e têm filhos, quando Eliane, trabalhadora doméstica em minha residência, contou-me sobre Dionita. Ela falou um pouco de sua história e me aconselhou a entrevistá-la. Ao ouvir o relato sobre aquela mulher, acreditei que, sim, deveria procurá-la.
    Eu já tinha visto Dionita algumas vezes, antes mesmo de conhecê-la. Ela trabalha como vendedora ambulante de água de coco em frente a um banco em Petrolina. Como eu costumava passar de carro pelo local, sempre a via, apesar de, na época, não saber nada a seu respeito. Depois do que Eliane me contou, e antes de entrar em contato com Dionita, eu comecei a observá-la quando passava em frente àquele banco. Geralmente, ela estava sentada em uma cadeira um pouco distante do carrinho, aparentemente por causa da sombra. Às vezes ela não estava e outra mulher vendia água de coco em seu lugar.
    Assim que decidi marcar nosso encontro, liguei para Dionita e ela atendeu com a voz animada. Expliquei do que se tratava e marcamos a entrevista para a semana seguinte, lá mesmo junto ao carrinho de água de coco. Era final de tarde de uma quinta-feira do mês de outubro quando nos encontramos e fui recepcionada com um sorriso e um convite para me sentar. Inicialmente recusei, por observar que não existia outra cadeira além da dela. Mas Dionita pediu que conversássemos no estacionamento do banco, pois ficaríamos mais à vontade, já que lá não havia tantos transeuntes como no local onde estávamos. Sentamos e começamos a entrevista. De dentro do estacionamento, o cenário por trás das grades brancas do portão era a calçada em que aquela mulher trabalhava com

seu carrinho de água de coco, com algumas pessoas passando, outros vendedores ambulantes que também trabalhavam ali, e uma avenida movimentada da cidade, onde o trânsito fazia o seu barulho habitual para aquele dia da semana.

Dionita estava de bermuda jeans, dessas com bordas desfiadas, como se já tivessem sido uma calça, uma blusa de abadá colorida, um chinelo de borracha preto, de tiras grossas, e uma pochete preta, que usa para guardar o dinheiro do trabalho. Sua pele é negra, e os cabelos, bem curtos e cacheados, já trazem marcas da idade, com alguns fios brancos. Ela carregava três acessórios: na orelha esquerda, apenas um brinco, uma argola pequena de aço; no pescoço, um cordão com uma chave de moto; na mão direita, uma aliança dourada, de estilo tradicional.

Dionita olhava para mim com um misto de contentamento, curiosidade e surpresa. Seus olhos, que estavam vermelhos, já deixavam transparecer uma história de vida repleta de insistência e força. Não pude deixar de reparar em alguns detalhes durante a entrevista. Apesar da aparência "despojada", ela oscilava, durante sua fala, entre a firmeza e uma postura mais sonhadora e doce, falando calma e pacientemente, às vezes com o olhar perdido no horizonte.

Na parede do estacionamento, vi dois nomes grafados à caneta, "Dinha e Fabiana", junto a um desenho de coração e uma data, e perguntei se ela os tinha escrito. Ela contou que foi sua namorada. Apesar de se chamar Dionita, o apelido "Dinha" vem desde a infância e é por ele que ela é conhecida e prefere ser chamada. Aos 43 anos, Dinha vive na cidade de Petrolina com a namorada, Fabiana, de 32 anos; a filha, Isnayane, 21 anos; o neto, Ícaro, de 2 anos; e com o filho de Fabiana, que tem 16 anos.

★★★

Nascida de 7 meses e batizada com um nome formado pela mistura do nome da mãe (Anita) e do pai (Dionísio), Dinha tinha pressa de chegar ao mundo. Cresceu junto de sete irmãos e foi a penúltima gestação de Anita, que teve 18 filhos, dos quais apenas oito sobreviveram.

Ainda criança, Dinha via as meninas de sua casa brincando de boneca ou de escolinha, mas não achava graça nessas brincadeiras. Sua diversão era correr pelas ruas sem camiseta, jogar futebol ou passar horas se divertindo com os amigos, todos meninos, jogando bola de gude. Diferentemente de suas irmãs e das outras meninas da família, ela preferia as roupas mais confortáveis e as brincadeiras mais agitadas. Como nasceu em Barra, uma cidade pequena no interior da Bahia, podia se divertir com os amigos despreocupadamente.

Apesar de as crianças brincarem bastante, o pai, Dionísio, era exigente e sempre alertou os oito filhos da necessidade e da importância de se dedicar aos estudos. Até hoje Dinha tem a lembrança do pai sentado à mesa, ensinando cada um dos filhos a somar, subtrair, multiplicar e dividir os números que compunham as tarefas da escola. Dionísio era apaixonado por Matemática e, consequentemente, os filhos dedicavam mais tempo de estudo para essa matéria.

O pai de Dinha trabalhava na extinta Superintendência de Campanhas de Saúde Pública (Sucam) e costumava ser transferido de local de trabalho com frequência. Numa dessas transferências, a família foi morar em Petrolina. A cidade não era novidade para Dionísio e Anita, já que eles haviam residido em Petrolina há alguns anos com os filhos mais velhos. Os dois, inclusive, tinham adoração pela cidade e sempre quiseram voltar, então a possibilidade de trabalhar em Juazeiro, município que fica na Bahia mas faz divisa com Petrolina, fez com que Dionísio levasse, animado, a família de volta àquele lugar de que sempre gostou. Dinha ainda não conhecia a cidade. Tinha nascido e vivido sete anos em Barra e se considerava uma legítima baiana. A mudança para o estado de Pernambuco não fez com que ela se sentisse fora da Bahia. Ela costumava dizer, entre risos:

– Meu sangue é baiano e sempre será.

★★★

Até os 13 anos, a mãe e as irmãs de Dinha costumavam chamá-la, em tom de brincadeira, de "machão". Sua postura de "moleque", bem como as roupas e as amizades motivaram o apelido dado pelas mulheres da família, mas Dinha não se incomodava. Pelo contrário. Acreditava que o apelido tinha algum sentido, já que não se sentia igual a elas. Era diferente, mas não sabia explicar o porquê, exatamente, dessa diferença.

Contudo, o que permeava a cabeça de Dinha não era a distinção entre seu modo de agir e o das irmãs, mas sim o interesse, aflorado na pré-adolescência, pelas meninas. Elas eram mais bonitas, inteligentes, legais e a deixavam encabulada; por mais que Dinha não quisesse brincar com elas, eram as garotas que chamavam sua atenção. Como ainda era muito jovem, ela preferia não dizer a ninguém o que se passava e ia guardando para si toda vez que uma menina a deixava de pernas bambas.

Aos 11 anos, Dinha tinha uma vizinha chamada Gorete, que tinha 10 anos. A casa de Gorete ficava muito próxima à de Dinha, e elas se viam com frequência. Dinha nunca tinha tido uma amizade como aquela, pois o que ela sentia por Gorete era, de alguma maneira, distinto da relação com os outros amigos.

Certa vez após a aula, quando estavam conversando na casa de Gorete, elas se aproximaram e deram um beijo. As duas meninas, ainda muito jovens, não entenderam o que tinha ocorrido, mas decidiram que havia sido bom. A partir daí, todos os dias depois da aula, Dinha ia à casa de Gorete para "estudar". Ela explicava ao pai e à mãe que estudar em dupla era mais eficaz e ia ao encontro da vizinha. Na casa dela, trancavam a porta do quarto e substituíam as antigas conversas por longos beijos, enquanto todos, das famílias das duas, acreditavam que elas estavam se dedicando aos estudos nesse tempo. Mas não era isso que ocorria.

O namoro escondido durou quatro anos. Até que Dionísio teve de ser transferido para a cidade de Xique-Xique, na Bahia – que fica a cerca de sete horas de ônibus de Petrolina –, e a família toda o acompanhou. Dinha não queria ir, pois não queria se afastar de Gorete, mas como na época tinha somente 16 anos, os pais não permitiram que ela ficasse sozinha na cidade. Sem alternativa, Dinha prometeu à amada que seria fiel e voltaria em breve para que elas continuassem o namoro. Depois de seis meses vivendo em Xique-Xique, Dinha não conseguia mais ficar longe de Gorete e, com segundas intenções, disse aos pais que estava doente e que precisava voltar à Petrolina, pois havia se acostumado a viver lá. Diante da situação criada pela filha, Anita e Dionísio resolveram deixá-la ir, pois também tinham planos de voltar a morar na cidade.

Apesar de ter sido fiel a Gorete nos seis meses que passou fora, ao voltar à Petrolina, Dinha descobriu que a namorada não tinha agido da mesma maneira. Assim que chegou, descobriu que Gorete estava namorando um homem. Transtornada e desejando se vingar, Dinha terminou o relacionamento e também começou a namorar um homem. Mesmo assim, às vezes as duas ainda se encontravam e relembravam o que tinham vivido naqueles quatro anos.

★★★

Ainda muito jovem, aos 16 anos, Dinha já planejava que não queria ser empregada de ninguém no futuro. Não queria depender de reconhecimento de patroa ou patrão, como sua mãe, que sempre foi trabalhadora doméstica. Para concretizar seus desejos, quando estava na oitava série do ensino fundamental, começou a dar aulas particulares e, pela primeira vez, estava ganhando seu próprio dinheiro. A paixão pela Matemática a instigava, pois fazia o que mais gostava e já traçava planos para o futuro. O sonho de Dinha era prestar vestibular para Matemática e ser professora.

Estudando, dando aulas de reforço, namorando – sem gostar – um homem e ficando com mulheres, entre elas, Gorete, aos 19 anos Dinha desconfiou que estivesse grávida. Inicialmente, ela não acreditava que isso pudesse acontecer, pois só havia tido relação sexual uma única vez com o namorado, e, nesse dia, estava alcoolizada. Como não conversava com ninguém sobre esse assunto, não sabia muito bem como a gravidez tinha ocorrido. Assim, resolveu pedir ajuda a uma de suas irmãs.

Intrigada com a declaração de Dinha, a irmã perguntou se ela tinha feito sexo com o namorado – Dinha ainda estava namorando um homem para se vingar de Gorete e também para tranquilizar a família. Quando questionada pela irmã, ela relembrou do momento íntimo que teve com o namorado e seu rosto entristeceu. Ela explicou que precisava ver como era a relação com um homem, se realmente não gostava. No entanto, não tinha coragem de tomar essa atitude quando sóbria e tinha bebido muito para conseguir. E, agora, a consequência estava bem ali, em seu ventre, explicou a irmã.

Diante das declarações, mesmo certa da gravidez, a irmã pediu que Dinha procurasse um médico para se certificar. Ela não procurou e, confusa e triste com a situação, preferiu esconder ou fingir que não sabia de nada enquanto pôde. Apesar de estar desesperada com a ideia de ter um filho com uma pessoa que não amava, Dinha, às vezes, se surpreendia sonhando com aquela criança que viria ao mundo em alguns meses. Ela achava que seria uma menina, assim como sempre tinha imaginado quando era pequena e sonhava em ser mãe de uma menininha, embora, em seus devaneios infantis, aquela etapa da gravidez não existisse.

Aos quatro meses de gestação, com a barriga um pouco crescida, a família de Dinha descobriu, e Dionísio reuniu a filha e o namorado para perguntar se eles iriam casar. Ele, prontamente, disse que sim. Ela, rapidamente, rebateu que não. Sem entender, o namorado questionou se a criança não teria um pai. Dinha respondeu que não casaria com ele sem amá-lo e que, sim, poderia criar o filho sem pai. Diante da negativa, o homem foi embora e não se relacionou mais nem com ela nem com a filha, que nasceria cinco meses depois.

Dinha continuou morando com os pais após o nascimento de Isnayane, sua filha. A menina nasceu com alguns problemas de saúde e, apesar de ter sido registrada por Dinha, os avós é que tinham a guarda da criança. Na época, foi uma estratégia para a garota ter acesso ao plano de saúde do avô e realizar o tratamento adequado.

★★★

Em 1995, Dinha participava de um time de handebol em Petrolina e, por seu excelente desempenho, foi convidada a participar de um torneio em São Paulo. Como o convite veio às pressas, ela não teve tempo de explicar a Gorete – com quem, durante todo esse tempo, ainda estava envolvida – sobre a viagem. Durante o sumiço injustificado da amante, Gorete quase enlouqueceu ao imaginar onde Dinha estaria.

Assim que chegou de viagem, Dinha tratou logo de esclarecer o mal-entendido. O plano era ir até a casa de Gorete e explicar exatamente o motivo de ter viajado e não ter dito nada a ela. Dinha pegou a bicicleta, seu meio de transporte habitual naquela fase, e foi à casa de Gorete. Furiosa com o seu sumiço, a moça não quis ouvir os esclarecimentos e as duas brigaram de maneira agressiva. Dinha foi embora muito nervosa e saiu pedalando velozmente, como se não estivesse vendo nada em sua frente. Sua intenção era chegar logo em casa e esquecer tudo o que tinha acontecido.

Quando estava atravessando uma avenida, um carro bateu em sua bicicleta, ela foi arremessada e bateu a cabeça. Ainda desacordada, foi levada em estado grave para o hospital. Dinha sofreu uma forte batida na cabeça e uma fratura grave no braço esquerdo. Anita fez promessa para que a filha conseguisse sair daquela situação e, após dois meses de expectativas de seus familiares, sem saber se ela sairia viva ou não, Dinha acordou do coma. Ela não conseguia se lembrar de nada nem de ninguém, também não conseguia movimentar o braço, que até hoje traz a marca dessa época em uma grande cicatriz vertical.

Quando Dinha sofreu esse acidente, ela estava se preparando para prestar vestibular em Matemática, mas o sonho teve de ser adiado por causa das consequências do acidente. Ainda em fase de recuperação, o médico alertou Dinha e a família de que havia o risco de que ela nunca voltasse a ser como antes e que seu braço, possivelmente, não recuperaria os movimentos. Após ouvir a declaração do especialista e, apesar de ainda não conseguir discernir muito bem toda aquela situação, Dinha afirmou que ele estava errado e que ela voltaria a ser como antes, porque tinha insistência em viver.

Dinha se submeteu a algumas cirurgias para reconstrução do braço. A última delas envolveu até a colocação de enxertos de outra parte do seu corpo, na tentativa de recuperar o membro. Com o tempo, ela foi reavendo os movimentos do braço aos poucos, mas ainda carregava sequelas da batida que sofreu na cabeça. Não entendia tudo que era dito, tinha confusões mentais e fortes dores de cabeça. Para andar na rua, necessitava de auxílio de outra pessoa, pois não conseguia caminhar sozinha.

Como sempre foi independente, estar naquela situação deixava Dinha muito abalada, mas o desejo de superar tudo aquilo não deixava faltar força de vontade a essa mulher. A recuperação demorou pouco mais de seis meses e, nesse período, Dionísio trouxe uma moça que vivia no campo para morar em sua casa e ajudar no tratamento da filha. Essa mulher, chamada Lourdes, veio e começou a ajudar a família nos cuidados com Dinha. A insistência da paciente em viver era notada a cada dia; os progressos eram muitos e deixavam os médicos incrédulos com a rapidez e a qualidade da recuperação.

Enquanto cuidava de Dinha, Lourdes se apaixonou por ela. Certa do sentimento, Lourdes se declarou e, como nesse momento Dinha já apresentava grande melhora, resolveu aceitar a investida daquela mulher que tanto tinha cuidado dela. As duas iniciaram um relacionamento e, mesmo com Lourdes morando em sua casa, tudo era escondido.

Um dia, entretanto, inconformada porque Dinha, já recuperada, também estava ficando com outra mulher, Lourdes contou a Dionísio sobre o interesse da filha dele por pessoas do mesmo sexo. Ao saber do envolvimento da filha com outras mulheres, o pai a intimou e perguntou se tudo o que Lourdes havia dito era verdade. Na ocasião, após ouvir a filha confirmar que a história era verídica, Dionísio pediu que ela optasse:

– Sua família ou sua homossexualidade!

Nesse momento, com muita sinceridade, Dinha explicou ao pai que não poderia viver com um homem sem gostar, que não poderia escolher ser infeliz. Ela preferiu sair de casa e optar por sua homossexualidade. Com um aperto no coração, Dinha deixou a casa dos pais, onde sempre vivera, e foi morar com Lourdes. Seu pai, como ainda possuía a guarda da neta, proibiu que ela voltasse àquela casa e também que fosse visitar a menina.

Dionísio passou um ano sem falar com a filha e sem permitir que ela visse a neta. Anita, porém, teve uma reação diferente e entendeu que a filha deveria ser feliz com as escolhas que fizesse. Por isso, às vezes, ela saía escondida de casa com Isnayane, que ainda era muito pequena, e a levava para visitar a mãe. Outras vezes, quando estava com saudades da filha, Dinha ia até a esquina da rua de seus pais só para vê-la, nem que fosse de longe. Aquela situação era muito dolorosa para todos, até mesmo para Dionísio, que sofria por estar longe de Dinha, filha que sempre foi sua maior confidente, desde a infância.

Ainda inconformado, mas, por outro lado, sentindo muita falta de Dinha, Dionísio começou uma aproximação, mesmo deixando claro que ainda não aceitava que a filha se relacionasse com mulheres. Dinha, embora estivesse inconformada com a atitude do pai, sempre teve certeza de que ele voltaria atrás, pois nunca subestimou o amor dele por ela.

Com o tempo, Dionísio começou a visitar a filha e a conviver pacificamente com a nora, Lourdes, que foi quem lhe revelou toda a verdade e que namorou Dinha, entre idas e vindas, durante 15 anos. Quando saiu da casa do pai e foi viver com a namorada, Dinha ainda não queria ter que conviver com patroa ou patrão e decidiu ser ambulante, atividade que exerce até hoje com o carrinho de água de coco, que serviu de referência para nosso local de encontro.

★★★

Quando Isnayane estava com 14 anos, foi morar com a mãe e a madrasta, pois o local em que vivia com os avós, que tinham se mudado para um sítio, não tinha uma estrutura educacional adequada.

Desde que a filha era pequena, Dinha esclareceu que ela não tinha pai e nem teria padrastos, mas sim madrastas ou outra mãe. A mãe sempre disse à filha que se relacionava com mulheres e que isso era normal. Isnayane costumava ouvir, pacientemente, e não tinha problema com essa situação. Na escola, quando escutava algum comentário desagradável sobre sua mãe, como apelidos maldosos ou alguma piada, a menina costumava não levar a sério e afirmava a identidade afetivo/sexual de sua mãe, sem receio.

Dinha acredita que a postura da filha se deve, em grande parte, ao modo como ela sempre expôs toda a verdade para a menina, que, mesmo sendo filha dela com um homem, não tinha contato com o pai e possuía uma família homoafetiva como núcleo familiar.

No entanto, o preconceito enfrentado por Dinha não veio só de seu pai. Depois do acidente e de ir morar com Lourdes, ela sentiu na pele, mais severamente, o modo como muita gente encarava sua homossexualidade. Enquanto esteve rodeada pela família e manteve sua identidade sexual escondida, Dinha não tinha noção de como as pessoas a julgariam sem nem mesmo conhecê-la.

Ao andar pela rua, ela ouvia comentários preconceituosos por causa de seu visual ou porque estava com a esposa. Certa noite, ela e Lourdes estavam em um bar quando um homem quis iniciar uma briga. Ele não se conformava ao ver Lourdes ao lado de Dinha, outra mulher. Afirmava, agressivamente, que Lourdes deveria ser dele, ser de um "homem de verdade", e não de uma mulher que "achava" que era um homem.

Apesar de Dinha não se considerar do sexo masculino, sua aparência levou aquele homem a acreditar que, naquela relação, não eram duas mulheres, mas sim, uma mulher-homem e uma mulher, com papéis definidos, o que não era verdade. Posturas assim costumavam deixar Dinha impaciente com a falta de entendimento das pessoas em relação à sua composição familiar e gerava muito sofrimento.

Depois de 15 anos entre idas e vindas com Lourdes, elas se separaram. Outras mulheres surgiram na vida de Dinha, mas nenhuma pareceu tão apaixonada e dedicada quanto Fabiana.

★★★

Elas se conheceram em agosto de 2014 e não demorou muito para terem certeza de que deveriam viver juntas. Natural de Ouricuri, em Pernambuco, Fabiana estava em frente à sua casa quando viu Dinha saindo de um carro e entrando na casa da vizinha. Nesse dia, Dinha estava indo para Juazeiro do Norte, no Ceará, e não reparou no olhar interessado de Fabiana.

A mulher, ainda nesse dia, observou Dinha de longe e ficou imaginando quem seria ela. Fabiana não sabia explicar o porquê daquele interesse repentino, e chegou até a pensar que pudesse ser amor à primeira vista. Após Dinha ir embora da casa de sua vizinha, Fabiana já estava decidida a revê-la.

Ela deu uma desculpa qualquer e pediu à vizinha o número do telefone de Dinha. Ligou e explicou que a viu saindo da casa de sua amiga e que o interesse foi imediato. Encabulada com as palavras de uma desconhecida, Dinha, apesar de achar Fabiana louca, atendia seus telefonemas e conversava horas com aquela mulher, de quem não sabia nem como era o rosto.

Elas passaram a se falar diariamente durante um mês. Então, passado esse tempo, Fabiana já não aguentava mais, ligou para Dinha e disse que precisava vê-la pessoalmente e que estava indo a Petrolina. Ainda sem acreditar no que julgava ser uma loucura de Fabiana, Dinha respondeu que a esperaria no ponto de descida da van e que Fabiana podia ficar em sua casa. Dinha aceitou a visita, mas, ao mesmo tempo, não sabia o que pensar de tudo aquilo. Ela nem conhecia aquela mulher, somente sua voz. "Será que tinha sido uma boa ideia receber uma 'desconhecida' em sua casa?", Dinha se perguntava.

Mas decidiu que não voltaria atrás e, no dia e na hora em que Fabiana avisou que chegaria, Dinha estava à sua espera. Fabiana chegou de van e desceu em um ponto próximo ao local do trabalho de Dinha que, ansiosa, já a aguardava. Como somente Fabiana conhecia o rosto da "pretendente", ela que foi ao encontro de Dinha ao descer do transporte. A empatia foi imediata e, a partir daquele dia, elas começaram a namorar. Fabiana não foi mais embora.

Quando Dinha me contou sobre Fabiana, perguntei se era ela que às vezes ficava no carrinho de água de coco, pois eu comentei que nem sempre via Dinha por lá, mas sim outra mulher vendendo em seu lugar. Dinha explicou que, às vezes, tem de se ausentar do trabalho para ir trabalhar na roça na plantação de goiaba que mantém no sítio dos pais e, nesse período, Fabiana lhe ajuda no carrinho.

Apesar de ter tido diversos relacionamentos homoafetivos, só agora Dinha sonha com o casamento, que, segundo ela, está sendo programado para o final do ano. Dinha não tem dúvidas de que ela, Fabiana, Isnayane, seu neto e o enteado são uma família. Mesmo acreditando, às vezes, que é difícil ser homossexual.

★★★

Entre desejos e expectativas, Dinha ainda sonha em ser professora de Matemática, aspiração interrompida por seu acidente e que ela ainda não conseguiu concretizar. Apesar disso, para não ficar longe do que tanto gosta, de vez em quando ela ainda dá aula de reforço de Matemática e continua sonhando com o dia em que vai ser professora formada. Dinha acredita que a mesma insistência em viver que a fez se recuperar do acidente, que a faz conviver em uma sociedade na qual sua família ainda é vista de forma diferente, também concretizará o sonho de se formar em Matemática.

Ao pensar nisso, ela volta à infância e relembra de seu pai, pacientemente lhe ensinando as quatro operações matemáticas, enquanto ela sonhava com seu futuro como professora.

CRISTINA e SANDRA
Uma conexão com Deus

O percurso em busca de entrevistadas para este livro colocou em meu caminho pessoas que, inicialmente, eu não tinha pretensão de entrevistar. Uma delas é Cristina, a protagonista dessa primeira parte da história. Durante a concepção do projeto, eu reparava que nos comentários e nas discussões dos tópicos criados em uma comunidade de famílias homoafetivas do Facebook, sempre havia uma mulher, que parecia muito decidida em suas opiniões, opinando sobre a maioria dos assuntos. Apesar de não interagir muito com ela, percebia que Cristina era uma espécie de "celebridade" dentro do grupo.

Eu não a conhecia e, muito menos, atrevia-me a adicioná-la na rede social ou conversar sobre a pesquisa que estava fazendo. As opiniões enérgicas e espontâneas de Cristina me deixavam receosa quanto à sua resposta. Confesso que não me sentia pronta para receber um não logo no início, pois ainda estava definindo os caminhos a serem percorridos e acreditava que uma resposta negativa, naquela fase, iria atrapalhar.

Em dezembro de 2013, quando estive em Brasília para participar da audiência pública no Senado Federal sobre novas constituições familiares, Cristina também estava lá. Eu não sabia que ela era uma das convidadas daquela sessão e fiquei surpresa com a notícia. As outras participantes até me perguntaram se eu não a entrevistaria, mas, naquele momento, eu ainda tinha certo receio de ela não aceitar e, seguindo minha intuição, resolvi esperar.

Após ouvir o seu relato na audiência, fiquei animada com a possibilidade de uma futura entrevista. Quando a sessão encerrou, dirigimo-nos a um restaurante, e eu, coincidentemente, sentei-me ao lado de Cristina. Nesse momento, tive a oportunidade de observá-la melhor. Ela é uma empresária, na faixa dos 55 anos, de porte robusto. A pele bem clara e os cabelos lisos bem curtos e totalmente brancos contrastam com a cor dos seus olhos, de um tom de verde que me remete à água do mar em um dia de sol.

Por causa de suas roupas – uma camisa de botão branca, colar de ouro, calça cinza e sapato social preto –, ela até podia ser confundida, por uma pessoa desatenta, com um homem. Durante o almoço, o garçom que anotava os pedidos da mesa referiu-se a ela como senhor, o que Cristina não fez questão de corrigir, ou não reparou. Naquele momento, percebi que minha concepção receosa de Cristina estava errada. A postura sisuda era uma característica, mas existiam milhares de outras particularidades naquela mulher, que eu passei a observar, de verdade, naquele instante.

Fomos embora e eu fiquei pensando se não devia ter perguntado se ela queria participar do livro, se não havia deixado o momento passar. Diante das dúvidas, e como ela tinha dito que iria embora de Brasília naquele mesmo dia, decidi que falaria com ela posteriormente pela internet e, quem sabe, eu iria até Águas da Prata, em São Paulo, sua cidade, para entrevistá-la junto da esposa, Sandra. Não estava nos meus planos, mas quem sabe surgiria uma oportunidade.

Meses depois desse nosso primeiro encontro, finalmente conversei com Cristina sobre a entrevista. Para minha surpresa, ela aceitou imediatamente e foi muito solícita. Combinamos que eu tentaria viajar até sua cidade, já que, nos dias em que eu estaria em São Paulo, ela, apesar de ter um apartamento na capital, estaria em Águas da Prata. Depois de ter feito todas as entrevistas daquela viagem, restava apenas uma, que seria a de Cristina. Como Águas da Prata fica no interior do estado de São Paulo, eu preferi que esse fosse meu último destino.

Peguei o ônibus rumo à cidade na rodoviária do Tietê, em São Paulo. Naquela ocasião, eu já havia percorrido diversos lugares e não precisei de companhia ou ajuda nesse percurso. Combinei com Cristina que, assim que chegasse à rodoviária de Águas da Prata, ligaria para ela. Depois de quase quatro horas de viagem, cheguei ao meu destino.

Eu já sabia que era uma cidade pequena, mas não imaginava que fosse tão pequena. Com pouco mais de sete mil habitantes, a cidade, que é uma estância hidromineral,[17] tinha um aspecto interiorano, com algumas

---

[17] "Art. 1º Considera-se estância termomineral, hidromineral ou simplesmente mineral a localidade assim reconhecida por lei estadual e que disponha de fontes d'águas termais ou minerais, naturais, exploradas com observância dos

características históricas. Estava um clima agradável naquele final de tarde, mas fazia mais calor do que frio. Cristina havia dito que lá era quente, mas que, durante a noite, a temperatura costumava diminuir bastante.

Assim que desci do ônibus, sentei-me em um banco de cimento que havia na rodoviária, que, na verdade, é uma espécie de ponto de apoio. Conforme combinado, liguei para Cristina; ela logo atendeu e avisou que chegaria em alguns minutos. Fiquei esperando, ansiosa, contemplando um lago ali próximo.

Vi um carro vermelho estacionar; Cristina desceu do veículo e acenou para mim. Dentro do automóvel, que parecia importado, havia três cadeiras de bebê. Os lugares eram de Catarina, Filipa e Heitor, filhos dela e de Sandra.

Ao entrarmos em uma estrada de terra, ela explicou que ali já começava a sua fazenda. Fui observando as cercas e tendo dimensão do tamanho. Orgulhosa, Cristina me contou que, no início, sua propriedade só contava com 5 alqueires[18] e hoje eram 100.

Ao nos aproximarmos da casa, ela explicou que ali na fazenda havia um armazém para vender as mercadorias produzidas na propriedade, uma pousada e o casarão, que era onde ela e a família viviam. Assim que chegamos e Cristina estacionou o carro, fomos recebidas por Sandra, que, muito simpática, disse que só estava nos esperando para poder ir buscar Catarina na escola. Ela me cumprimentou rapidamente e foi pegar a filha.

Enquanto entrávamos na casa, Cristina me mostrava os cômodos. A propriedade é um casarão antigo, em estilo colonial, todo pintado de amarelo ocre e branco. O jardim, repleto de grama, tinha uma piscina grande e um parquinho. Por dentro, a casa conservava um aspecto rústico, mas com toques de modernidade. Entramos pela porta da cozinha, que também dá acesso ao quarto de Cristina e Sandra e ao das crianças.

Passamos por uma pomposa sala de jantar, e então ela me mostrou o quarto em que eu passaria a noite. Deixei minha bolsa no cômodo e fui ao encontro de Cristina para tomarmos um lanche. Naquele momento, escutamos um choro fraquinho de bebê e ela perguntou se eu queria conhecer os gêmeos Heitor e Filipa. Ainda muito pequenos, os

---

dispositivos desta lei e do decreto-lei federal nº 7.841, de 8 de agosto de 1945" (Lei nº 2.661, de 3 de dezembro de 1955).

[18] Alqueire: unidade de medida de superfície agrária equivalente em Minas Gerais, Rio de Janeiro e Goiás a 10.000 braças quadradas (4,84 hectares), e em São Paulo a 5.000 braças quadradas (2,42 hectares). 1 hectare = 10.000m².

dois estavam acordados e deitados, cada um em seu berço. Eu disse "olá" para as crianças e voltamos à cozinha.

Ficamos papeando ali até a chegada de Sandra e Catarina. A menina de 3 anos, de uniforme e um penteado estilo "Maria Chiquinha", chegou alegre e falante, trazendo animação à casa. Sandra explicou que veria os bebês e, logo em seguida, viria para a entrevista. Cerca de 30 minutos depois, ela, que é uma mulher de estatura média, branca, de cabelos lisos e pretos, que estavam presos em um coque, veio até mim com Filipa no colo. Sandra tem 36 anos, olhos castanho-claros e expressivos que, aliados à sua voz firme e ao vestido longo azul que usava, compunham uma aparência elegante.

Iniciamos a entrevista por Sandra, apesar de toda a família estar presente. Filipa no colo dela, Heitor no de Cristina, Catarina andando por todos os lados, sem falar em Carlota Joaquina, a buldogue, que também faz parte da família.

Depois, já sentadas nas poltronas da sala, enquanto Sandra dava banho nas crianças, eu e Cristina conversamos sobre sua vida. Nesse momento, bebendo um chá de oliveira da própria fazenda, ouvi o relato de 55 anos de história de uma mulher que viveu muita coisa, desde os momentos mais tristes aos mais felizes; e me senti muito grata por tê-la encontrado e por ter tido a oportunidade de ouvi-la.

★★★

Cristina cresceu em uma família grande, cercada de parentes e amigos. Uma típica família descendente de italianos. Sua mãe era uma dona de casa natural de Porto Alegre, no Rio Grande do Sul, e seu pai, paulistano, era dono de uma corretora de valores. Na cidade de São Paulo, eles se conheceram e criaram os três filhos: Vania, Cristina e João. Filha do meio, durante a infância, Cristina se assemelhava mais ao irmão do que à irmã. Ambos tinham os cabelos muito vermelhos, vestiam roupas parecidas e brincavam com os mesmos brinquedos. Durante o dia, Cristina gostava de circular pela casa de pijama e chapéu de caubói, sem falar na sua inseparável arma de brinquedo. Ela tinha um estilo dos filmes de bangue-bangue.

O pai e a mãe de Cristina não davam muita importância aos gostos da filha. Para eles, principalmente para o pai, o filho não podia brincar com bonecas, mas as meninas eram livres para se divertir como quisessem. Como o irmão era apenas dois anos mais novo, ele e Cristina brincavam muito juntos. A menina, ainda pequena, olhava para João e não via distinção entre os dois. Somente quando já estava maior e interagia com outras meninas, percebeu a diferença que existia entre ela e o irmão. Sem entender por que se sentia "diferente" das outras garotas, Cristina passou a infância reservada.

Aos 7 anos, Cristina se apaixonava pelas meninas da escola e por algumas professoras. Como não conseguia compartilhar isso com ninguém, ela enfrentava verdadeiras "fossas" de amor de criança não correspondido. Mas um desses amores infantis, Cristina conseguiu vivenciar.

Seus pais costumavam passar férias em Águas da Prata, cidade em que os padrinhos de seu irmão tinham casa e onde, após algumas idas, os pais de Cristina também decidiram comprar uma propriedade para veraneio. Em uma das férias que passou na cidade, Cristina namorou durante todo o período com uma menina. Ela, que na época estava com 9 anos, tinha o cabelo ruivo cortado bem curto e um estilo *tomboy*.[19] Cristina se apresentou à namorada e à família da menina como André. A namoradinha e a mãe acreditaram que Cristina era um menino e, por sinal, muito educado. A "sogra" de Cristina durante essas férias a elogiava muito e até a apelidou, carinhosamente, o/a genro/a, de "Andrezinho".

À medida que crescia, Cristina notava, ainda mais, as diferenças entre ela e as amigas. Ela estudou a vida toda em um mesmo colégio e lá não ouvia piadas sobre seu estilo de ser, embora sua mãe, antes de Cristina começar a frequentar a escola, já demonstrasse a preocupação de que a filha pudesse sofrer preconceito por causa dos cabelos vermelhos:

– Coitada dessa menina, vai sofrer. Vão chamá-la de foguinho.

Como Cristina já tinha escutado a mãe alertá-la sobre o possível *bullying* inúmeras vezes, quando uma das crianças da escola ousou usar esse apelido, ela não pensou duas vezes e esmurrou a colega. As monitoras do colégio tiveram de tirar Cristina de cima da menina, senão ela não ia parar de bater.

O temperamento forte e o apego às regras marcaram a adolescência de Cristina. Nessa fase, ela costumava ser elogiada por todos como a filha mais bonita, inteligente e correta. Aos 15 anos, era vista como

---

[19] O termo *tomboy* apareceu, pela primeira vez, na literatura inglesa, sendo "usado para denotar mulheres que exercem atividades tradicionalmente relacionadas aos homens, inclusive se referindo também à aparência física marcadamente masculina em uma mulher" (VASCONCELOS, S. Tomboys: as estranhas mulheres independentes na ficção curta de Flannery O'Connor, Carson McCullers e Adelice Souza. XIV Seminário Nacional Mulher e Literatura / V Seminário Internacional Mulher e Literatura. *Anais...* Disponível em: <http://goo.gl/KjXFyj>. Acesso em: 20 set. 2014).

uma moça dotada de moral e bons costumes, por isso era inconcebível imaginar-se tendo relações com mulheres. Afinal, como diria à família que aquele ser "perfeito", na verdade, não era o que imaginavam? Era preferível, apesar do sofrimento, viver de acordo com as expectativas.

E foi na esperança de viver de acordo com o que a sociedade esperava dela que Cristina começou a namorar um homem 15 anos mais velho. Ele logo ficou apaixonado. Não podia ser diferente: na época, Cristina era uma moça de 15 anos, de cabelos vermelhos, olhos verdes, inteligente e educada, atrativos que chamavam a atenção de vários rapazes que a conheciam. Cristina, todavia, escolheu um homem de 30 anos para namorar e o motivo era apenas um: ela gostava de conversar com homens mais maduros.

Cada vez que saía para passear com o namorado, ela se perguntava o que estava fazendo ali e por que fazia aquilo. Não gostava dele como namorado e se sentia ridícula naquele papel.

Cristina me contou que naquela época, anos 1970, um casal de namorados não costumava fazer sexo antes do casamento. No entanto, era comum trocarem longos beijos e algumas carícias. Em um desses momentos, o namorado de Cristina foi mais ousado e quando ela viu o que ele estava "mostrando", teve um ataque de riso. Ria descontroladamente, enquanto o homem, constrangido, não sabia o que falar ou fazer diante da situação. Na cabeça de Cristina, era grotesco ela estar ali com ele, pois não queria ver e nem fazer nada com aquilo. O namorado, inconsolável, achou que Cristina tinha ficado chocada e até pediu ajuda ao sogro, posteriormente, para tentar entender o que se passava com a namorada. Cristina, entretanto, estava decidida que não queria mais viver aquele relacionamento e que iria passar a vida sem se relacionar com ninguém. Ela não queria ser o "errado" e, como não conseguia ser o "correto", optaria por ser nada.

Depois dessa decisão, ela passou a se dedicar a outras atividades e ocupar seus pensamentos com estudos sobre espiritualidade, e acredita que a fé a salvou nessa fase. O contato que teve com assuntos ligados ao esoterismo, à filosofia e ao sagrado lhe ajudou a não canalizar o sofrimento e a angústia que sentia em meios destrutivos, como suicídio e drogas.

Quando estava com 17 anos, Cristina e a família costumavam frequentar o Iate Clube e andar de barco nos fins de semana. O local era frequentado por várias outras famílias e muitas delas eram amigas de sua mãe e de seu pai. Em um desses núcleos familiares, Cristina conheceu Ângela, filha de um dos amigos do pai que também frequentava o clube.

A moça, cinco anos mais velha, costumava ser muito atenciosa e carinhosa com Cristina, já demonstrando interesse por ela.

Uma noite, Ângela foi dormir na casa de Cristina e elas "ficaram". Aquele momento com uma mulher lhe rendeu uma enorme agitação e pensamentos extremamente confusos.

Depois da primeira noite e apesar de toda confusão que rodeava sua mente, Cristina começou a visitar Ângela constantemente. Ia para a casa dela, em Santos, e Ângela também a visitava em São Paulo. Os pais das duas jovens, sem desconfiar de nada, achavam linda a amizade que só crescia a cada dia. Essas idas e vindas duraram até o dia em que uma amiga de Cristina, enciumada com a nova "amizade", resolveu contar toda a verdade ao pai dela. Irritada, a moça entrou na sala da casa de Cristina, onde estavam a mãe e o pai da amiga, e perguntou sem rodeios:

– Vocês não perceberam que a Cristina está indo para a cama com essa aí?

Surpresa e nervosa, a mãe de Cristina entrou no quarto da filha e lhe perguntou se o que a amiga tinha falado era verdade. O pai, muito mais bravo, entrou logo em seguida e exigiu explicações. Diante da confusão, Ângela, que estava no quarto com Cristina, foi embora, e os pais ficaram pressionando a filha para descobrir de quem era a culpa de tudo, perguntando se Ângela a tinha "viciado" e a levado para o mau caminho. Cristina sabia de suas preferências, mas escolheu, apenas, assumir a relação e não prolongar o assunto.

Depois da descoberta, o pai de Cristina resolveu mandar a filha ao psiquiatra para ser "curada". O pai de Ângela fez diferente: ofereceu um apartamento à filha caso ela se casasse com o noivo. Em meio ao relacionamento com Cristina, Ângela era noiva de um rapaz. E mesmo após a confusão e o casamento de Ângela, elas ainda ficaram juntas por um período.

Em vez de esconder o que estava acontecendo em sua família, o pai de Cristina preferiu contar aos amigos do clube o quão infeliz ele era porque tinha uma filha "homossequissual", como costumava dizer aos amigos. Frequentar o clube, depois disso, tornou-se um martírio para Cristina. Ela ouvia piadas e percebia os olhares preconceituosos, enquanto atravessava o restaurante, que era o único acesso ao interior do lugar.

No entanto, o tormento não estava só nas idas ao clube. Nessa época, além de ser obrigada a ir às consultas psiquiátricas, Cristina não podia nem fechar a porta do seu quarto. Seu pai retirou a chave e a alertou para que não fechasse a porta, pois ele queria ter acesso quando bem entendesse. Em momentos mais críticos, falava que ia matá-la e se matar em seguida. Nessas ocasiões, Cristina tinha medo de dormir com a porta aberta e acordar com o pai tentando matá-la durante a noite, mas ele nunca chegou nem a tentar cumprir a ameaça proferida nas horas de desespero.

Embora fosse um empresário muito bem-sucedido, o pai de Cristina era ignorante quanto às questões sobre homossexualidade. Após dois meses de tratamento psiquiátrico, ele interrogou o médico a respeito dos resultados da, sua grande esperança, cura gay de Cristina. Diferentemente do esperado, o psiquiatra, após aplicar uma bateria de testes, alertou pai e mãe de que nada iria mudar no jeito da garota e que ela deveria estudar, sair de casa e ser feliz. Inconformado com o diagnóstico, o pai acusou o médico de ser incompetente e não aceitou que, mesmo após "se tratar", a filha continuasse da mesma forma.

Cristina, por sua vez, ouviu os conselhos do médico. Ingressou no curso de Direito e não tentou mais fugir de sua identidade afetiva/sexual. Mas ela ainda sentia falta de referências, pois, além de Ângela, não conhecia outras mulheres que se relacionavam com mulheres. A não ser uma das juradas do *Programa Sílvio Santos*, que via na televisão nos anos 1970, mas que achava muito esquisita. Assim, tudo no "mundo gay" era novidade e, entre tantas descobertas, aos 22 anos, ela foi a uma boate voltada ao público LGBTI.

Cristina conheceu uma moça que a levou à casa noturna. Ao entrar, ela observou que só havia mulheres. "É o paraíso", pensou. Pela primeira vez, Cristina se dava conta de que não era sozinha no mundo e que existiam dezenas de pessoas como ela, e só ali, naquela boate. "Imagina no mundo inteiro?", sorriu só de imaginar.

Essa descoberta a deixou animada com a possibilidade de poder frequentar um ambiente em que, pela primeira vez, não se sentia diferente dos demais. Por isso, a boate se tornou uma espécie de segunda casa para Cristina. Ela frequentava o lugar de terça a domingo e não imaginava sua semana sem estar ali, no único ambiente em que se sentia bem. Sua vida passou a ser destinada às noites na boate, regadas a bebidas e farras com as amigas. Os outros lugares que Cristina costumava frequentar eram conhecidos como "guetos". Nesses locais, era comum ver homossexuais, traficantes, travestis, assaltantes e outras pessoas que viviam à margem da sociedade, todos juntos. Até porque esses guetos eram os únicos lugares em que essas pessoas podiam circular livremente, visto que era início dos anos 1980 e o Brasil ainda vivia uma ditadura militar. Cristina se lembra desse período com tristeza, já que, se você não se submetesse a viver sua sexualidade somente nos guetos, a repressão costumava ser bastante violenta.

Nesse período de exageros e badalações, Cristina costuma atribuir sua segurança à proteção divina. Apesar de não seguir nenhuma religião, depois da sua fase mística entre os 14 e os 17 anos, ela acredita que estabeleceu uma conexão muito profunda com Deus e que Ele sempre a abençoou, em especial nessa temporada em que se sujeitou a diversos tipos de riscos.

★★★

Um exemplo de sua forte conexão com Deus, Cristina atribui ao momento após a descoberta de sua homossexualidade por seus pais. Dias depois de toda a confusão envolvendo ela e Ângela, a mãe de Cristina, sem explicar nada, entregou-lhe um livro. Mesmo não entendendo o presente da mãe, Cristina abriu o exemplar e viu uma dedicatória escrita com a letra do pai:

"Com amor, para Eloah... de seu João."

Abaixo da dedicatória, que indicava que o livro tinha sido um presente do pai de Cristina para sua mãe, ela viu a data em que o regalo tinha sido entregue: 29 de setembro de 1950. Exatos nove anos antes do seu nascimento, que ocorreu em 29 de setembro de 1959. Ela não prestou muita atenção àquela coincidência até ler o conteúdo do livro. A obra, *O poço da solidão*, de Radclyffe Hall, é de 1928 e conta a história de uma mulher chamada Stephen Gordon, que se considerava um homem aprisionado em um corpo feminino. O livro chegou a ter sua comercialização proibida na Inglaterra e nos Estados Unidos e ficou conhecido como a "Bíblia do lesbianismo" na época.

A história de Stephen Gordon emocionou Cristina e a fez acreditar que existia um propósito para tudo aquilo, já que o pai não costumava dedicar-se à Literatura nem presentear a mãe com livros. Contudo, o volume que ele tinha dado à esposa trazia uma história muito semelhante à da filha, que nasceu nove anos depois de a mãe receber o presente. Não só a filha, mas também Eloah acreditou que, talvez, Deus a tivesse preparado, com aquele livro, para o nascimento de Cristina, a fim de que ela soubesse lidar melhor com a identidade da filha.

★★★

Em 1986, Cristina trabalhava com o pai no escritório dele e já estava cansada da vida baladeira. Um dos principais motivos que lhe fez perder a vontade de continuar nas badalações foi a epidemia de Aids,[20] que matou vários de seus amigos rapidamente e a deixou com muito receio de contrair a doença. Durante o período em que vivenciou sua homossexualidade livremente, Cristina se relacionou com muitas mulheres, tantas que não conseguiria nem contar.

Ainda nessa época, além de não poder andar livremente nas ruas, os homossexuais também não podiam frequentar os motéis como qualquer casal heterossexual. Era necessário ligar previamente para saber se o motel "aceitava" casais de pessoas do mesmo sexo. Ou tentar a sorte, correndo o risco de levar um não. Certa vez, Cristina estava saindo com uma moça e não se informou se um motel do município de São Vicente, em São Paulo, aceitava casais gays ou lésbicos. Um homem, que estava na portaria do motel, olhou bem para a cara das duas no carro, fez uma careta, e disse:

– O quê? Duas mulheres? Pode não.

Envergonhadas, foram embora.

Em 1987, cansada da vida no Brasil, Cristina tomou uma decisão: iria morar na Inglaterra. Não sabia por que, mas já tinha escolhido o país e estava negociando a venda de seu carro para contribuir na mudança. Esperaria apenas o casamento do irmão e, logo depois, iria para o exterior.

Quando ainda estava organizando a mudança, uma de suas amigas pediu que ela acompanhasse a esposa em um evento. Essa mulher era dona de uma boate em São Paulo e, por isso, não podia se ausentar da casa noturna naquele dia, e precisava que a esposa fosse representá-la em uma festa. Solícita, Cristina aceitou acompanhar Tereza, esposa da amiga. Durante a festa, as duas beberam bastante e rolou um clima. Envoltas naquela atmosfera de paquera, Cristina e Tereza terminaram a noite em um motel. No dia seguinte, ainda de ressaca e sem acreditar no que tinha acontecido, Cristina sentia remorso por ter ficado com a esposa de sua amiga. Uma traição dos dois lados, pensou.

---

[20] A primeira epidemia de Aids de que se teve conhecimento ocorreu entre 1970 e 1980 nos Estados Unidos, quando se descobriu a doença. Na época, a doença recebeu, inclusive, o nome de "doença de imunodeficiência relacionada a gays" ou também chamado de "câncer gay". No entanto, estudos apontam que o vírus teria surgido muito antes disso e só se manifestado nessa época e não por acaso, já que a maioria dos homossexuais vivia sua sexualidade de forma insegura e promíscua (MOREIRA, Andrei. *Homossexualidade. Sob a ótica do espírito imortal*. Belo Horizonte: AME, 2012).

Mesmo com o arrependimento, Cristina e Tereza começaram a viver um romance depois dessa noite. Um dos maiores sonhos de Cristina era formar uma família tão grande quanto a que tinha, e Tereza parecia a mulher perfeita para concretizar esse desejo. Ela era centrada, valorizava a formação familiar e tinha três filhos de um casamento anterior com um homem. Diante da possibilidade de formar uma família e impressionada com as características daquela mulher, Cristina decidiu que não iria mais para a Inglaterra e que viveria esse novo amor. Àquela altura, Tereza já havia se separado da esposa e morava sozinha com os três filhos.

Cristina se mudou para o apartamento de Tereza e viu sua vida se modificar totalmente. Primeiro, porque ela estava acostumada com muita organização, já que sua casa sempre teve uma arrumação impecável e até rígida. Seu pai não gostava nem que a franja do tapete estivesse fora do lugar. Já na casa de Tereza, com três adolescentes, não costumava haver muita organização e isso deixava Cristina aborrecida. Mas os maiores problemas foram os financeiros. Nessa época, Cristina não estava mais trabalhando com o pai, e Tereza havia perdido grande parte de seus bens na última separação. Sem alternativa, Cristina passou a ser mestre de obras. Tereza, que era arquiteta, desenhava os projetos, e Cristina dava andamento à obra junto dos pedreiros. Elas foram vivendo assim até que, em 1990, após a eleição do presidente Fernando Collor de Mello e o anúncio do Plano Collor I,[21] a maioria das pessoas que tinha fechado contrato com elas não podia mais pagar e, novamente, elas entraram em uma crise financeira.

Sem saber como sustentar a família, Tereza recebeu um convite de um amigo que vivia no Canadá, para que ela e Cristina fossem trabalhar lá e conseguissem enviar dinheiro para os filhos no Brasil. Como não tinham alternativa, elas deixaram os três adolescentes com a avó e foram para o exterior.

★★★

---

[21] A primeira medida do Presidente Collor, ao tomar posse no dia 15 de março de 1990, foi anunciar seu pacote de modernização administrativa e vitalização da economia, através do plano Collor I, que previa, entre outras coisas: volta do cruzeiro como moeda; congelamento de preços e salários; bloqueio de contas correntes e poupanças por 18 meses; demissão de funcionários e diminuição de órgãos públicos.

No Canadá, Cristina e Tereza ficaram amigas de alguns brasileiros, e Tereza comentou com eles que Cristina jogava runas.[22] Um pouco antes de viajar, Cristina fez um curso de leitura de runas e costumava acertar tudo. Quando ficaram sabendo, esses amigos, muito supersticiosos, entusiasmaram-se e a incentivaram a trabalhar com as runas. A princípio, Cristina ficou receosa e não queria cobrar pelo serviço. Entretanto, foi orientada a cobrar U$ 20 por consulta e também a mudar de sobrenome, pois esse tipo de consulta não era regularizada e ela corria risco de ser deportada. Cristina acabou seguindo o conselho e começou a trabalhar com as pedras.

Uma de suas primeiras clientes, uma portuguesa que já era sua amiga e tinha acabado de perder o filho, estava muito angustiada e agendou uma consulta. Assim que jogou as runas, um pensamento veio à cabeça de Cristina: "Ela vai perder outro filho". Atormentada com a premonição, ela não disse nada à amiga.

Com seus acertos, a clientela cresceu e Cristina chegou até a fazer um programa de rádio para a comunidade brasileira e portuguesa no Canadá. No período em que trabalhou com as runas, Cristina conseguiu ganhar muito dinheiro e alugou um apartamento para ela e Tereza, além de enviar, mensalmente, certa quantia de dinheiro para os filhos da esposa no Brasil. Mas o verão chegou, e ela teve de parar de trabalhar, pois nessa época as autoridades do país ficam mais rigorosas com essas consultas. O dinheiro que ganhou se esgotaria em breve, e ela precisava conseguir um novo emprego ou teria de voltar ao Brasil.

Nessa fase, a amiga portuguesa que havia perdido um filho abordou Cristina e pediu que ela lesse as runas novamente. Cristina explicou que não estava mais trabalhando com as pedras e que não poderia realizar a consulta. Além disso, ela ainda tinha receio do que tinha visto da última vez sobre a vida da amiga. Então, a mulher perguntou se Cristina não queria trabalhar na sua empresa, já que estava desempregada. A portuguesa possuía uma firma de limpeza e estava contratando funcionários para trabalhar no Ontario Place,[23] um parque temático muito grande no Canadá. A senhora explicou que tinha o contrato de limpeza de todos os

---

[22] As runas são pequenas pedras que têm gravadas sobre a sua superfície desenhos que representam as letras de um antigo alfabeto germânico. Através delas, os antigos faziam previsões, falavam com os deuses e sondavam as profundezas da alma humana.

[23] Ontario Place era um imenso e moderno complexo de diversão, cultura e entretenimento. Construído sobre três ilhas artificiais, às margens do Lago

banheiros do parque e, caso Cristina aceitasse o trabalho de fazer faxina em banheiro, o emprego era dela.

Cristina trabalhou durante um ano no parque. A experiência lhe rendeu humildade, já que, apesar de nessa época estar com 30 anos, sempre foi uma patricinha. Uma patricinha "sapatão", como ela mesma brinca. Depois de um ano trabalhando no *Ontario*, Cristina já estava esgotada do serviço e, como sua irmã tinha lhe enviado uma carta pedindo que voltasse ao Brasil e fosse trabalhar com ela, Cristina começou a considerar o retorno. Apesar de adorar viver no Canadá, sentia falta da família. Ela acredita que, se tivesse ido viver mais jovem nesse país, nunca voltaria. Além de ser estruturado economicamente, lá ela podia viver com sua esposa sem sofrer constrangimentos. Os cidadãos respeitavam os casais homossexuais e existiam até listas telefônicas destinadas ao público gay, caso uma pessoa se interessasse em contratar somente serviços prestados por homossexuais. Eram as chamadas páginas rosas.

No entanto, ainda que tivesse uma vida tranquila no Canadá, Cristina decidiu que iria embora e perguntou se Tereza a acompanharia. Embora o casamento já estivesse desgastado na época, a esposa optou por voltar também. Um pouco antes de elas irem embora do país, Cristina soube que outro filho da sua amiga portuguesa tinha falecido, assim como ela havia visto nas runas. Nesse momento, ela teve certeza de que a decisão de não trabalhar mais com as pedras tinha sido acertada.

★★★

Quando chegou a São Paulo, Cristina não se acostumou mais. Ela não conseguiria mais viver no ritmo de uma cidade como aquela e começou a procurar terras para comprar no interior do estado.

Então, seu pai a ajudou a adquirir a casa em que vive hoje, localizada em Águas da Prata, cidade onde passava as férias na infância e da qual sempre gostou. Cristina acredita que o pai ficou feliz com a ideia de a filha ir morar mais afastada e, por isso, comprou a propriedade. Como a casa era muito antiga, tinha mais de 100 anos e estava muito deteriorada, demorou dois anos para que Cristina pudesse se mudar. Assim, em 1994, ela foi morar em Águas da Prata, acompanhada de Tereza. Cristina achou que fosse viver sozinha, não acreditava que a esposa fosse acompanhá-la,

---

Ontario, o local contava com parque de diversões, cinema IMAX, além de um completo parque aquático. O parque foi extinto em 2011.

pois o casamento ia mal e ela achava que Tereza iria preferir ficar com os filhos, mas, para sua surpresa, Tereza também a acompanhou.

Quando Cristina se mudou para Águas da Prata, sua mãe também morava lá. Nessa época, ela já tinha se separado de seu pai e vivia na cidade. Como sempre foi mais próxima da mãe, Cristina ficou animada por viver no mesmo lugar que ela. Eloah faleceu em 1996. Apesar dos conselhos da mãe para que não se envolvesse com política porque as pessoas iriam julgá-la, Cristina resolveu que se candidataria a vereadora de Águas da Prata.

Durante a campanha, quando Cristina se inteirava que alguém estava dizendo que não votaria nela por sua homossexualidade, fazia questão de ir na casa da pessoa para apresentar suas propostas e, sempre sorridente, acabava por conquistar esses votos. Por isso, foi eleita a primeira vereadora mulher e também a mais votada da história do município. Cristina trabalhou quatro anos na câmara e até briga de casal ela apartava. Talvez a mesma postura sisuda, da qual eu tive receio antes de conhecê-la, fazia com que as pessoas respeitassem sua presença como pessoa e também como autoridade política.

O trabalho árduo como vereadora desgastou ainda mais o casamento com Tereza. Nessa fase, elas não tinham mais relações sexuais, e Cristina sentia que tudo ia de mal a pior. Porém, tinha muito respeito pela esposa e nunca pediria que ela fosse embora.

Insatisfeita com o casamento, Cristina procurava diversão na internet. Começou a entrar em grupos e salas de bate-papo e a conhecer diversas mulheres, mesmo sendo casada. Quando Tereza ia para a capital paulista, Cristina marcava encontros ou dava festas em sua casa com essas pessoas que conhecia on-line. Embora se divertisse com as mulheres que conhecia na internet, Cristina se sentia culpada por causa de Tereza. Apesar de saber que o casamento estava acabado, ela não conseguia mandá-la embora. Às vezes, à noite, Cristina costumava rezar para que a esposa saísse de casa sem que ela precisasse dizer nada, evitando mais sofrimento.

Um dia, quando Cristina e Tereza estavam trabalhando na pousada, a filha da companheira iniciou uma briga com Cristina. Tereza não se posicionou e Cristina ficou muito brava pela falta de atitude da esposa diante dos desaforos ditos pela menina. Depois da discussão, elas saíram e Cristina continuou trabalhando na pousada. À noite, quando chegou em casa, não encontrou ninguém. Tereza e a filha tinham ido embora. Ela abriu os armários e viu que as roupas da esposa não estavam mais lá. Até o cachorro elas tinham levado. Nesse momento, Cristina se ajoelhou no chão do quarto e agradeceu a Deus, pois não precisou intervir em nada para elas irem embora.

Os seis meses posteriores à partida de Tereza foram de muita curtição. Cristina, pela primeira vez, tinha aquele casarão só para si. "Que venha a mulherada!", brincava.

***

Em 2003, Janaina, uma das amigas da internet, apresentou uma pessoa a Cristina. O encontro aconteceu na sala de bate-papo mesmo, onde Cristina e as amigas se falavam sempre. A mulher, Sandra, tinha 24 anos e era uma amiga de mestrado de Janaina. Mas nem passou pela cabeça de Cristina a possibilidade de vir a se relacionar com uma pessoa tão jovem, pois Sandra era 19 anos mais nova que ela.

Do outro lado, Sandra se interessou imediatamente. Apesar de não ter o hábito de entrar em salas de bate-papo, ela se encantou por Cristina. Começaram a conversar com frequência pela internet e também por telefone. Mesmo com o interesse perceptível de Sandra, Cristina continuava acreditando que não era uma boa ideia se relacionar com alguém tão mais jovem e chegou até a chamá-la de infantil.

***

Sandra nasceu em Santo André, cidade que fica na região metropolitana de São Paulo. Aos 17 anos, mudou-se para São Carlos, interior do estado, pois tinha sido aprovada no vestibular e foi cursar Química na cidade. Sempre dedicada aos estudos, após a universidade, Sandra ingressou no mestrado e foi só então que teve sua primeira experiência com outra mulher. Até então, ela só havia namorado homens.

Sandra se interessou pela colega Aline, e foi correspondida. Como nunca havia sentido interesse por nenhuma mulher antes, perguntou a si mesma: "Será que eu sou gay?". Mesmo depois de começar a namorar Aline, Sandra ainda não sabia a resposta, porque, ao mesmo tempo em que estava com aquela mulher, não sentia atração por outras mulheres, apenas pela namorada.

Sem saber como se definir, ela percebeu que não gostava de mulheres no geral, mas sim de um tipo específico: mulheres que tinham um estilo dito masculino – *tomboy*. Pelo menos Aline, com quem ela se relacionava e por quem estava apaixonada, era assim.

Como saiu de casa muito jovem, Sandra não costumava dar muitas explicações aos pais nem ao irmão. Namorava e morava com Aline, viajavam juntas e faziam tudo como um casal, mas nunca viu necessidade de falar sobre isso clara e abertamente para a família.

Apesar de não se sentir à vontade para falar com a família e eles também não perguntarem sobre sua identidade afetivo/sexual, Sandra levava a namorada quando visitava os pais em Santos, mas em um fim de ano, quando elas foram passar o réveillon com eles, a mãe de Sandra pediu que o filho avisasse à irmã que ela não comeria enquanto Aline estivesse na casa. Quando soube da atitude da mãe, Sandra preferiu ir embora com a namorada e evitar qualquer confusão. Um pouco depois do episódio, o namoro de dois anos chegou ao fim.

Solteira, Sandra ainda estava fazendo mestrado quando sua amiga Janaina disse que tinha alguém para lhe apresentar. Animada, pois já estava há algum tempo sem namorar, ela perguntou sobre a pretendente. "É seu número!", explicou Janaina ao falar da personalidade e das características de Cristina. Assim como Aline, essa mulher tinha um estilo *tomboy*, pelo qual Sandra se interessava.

Ela começou a conversar com Cristina em uma sala de bate-papo e gostou. Mas diante do descaso dela por causa de sua idade, Sandra decidiu "desistir".

***

Pouco tempo depois, o pai de Sandra foi diagnosticado com câncer aos 53 anos e a família ficou bastante abalada. Janaina, que também era amiga dele, contou o caso a Cristina e ela pediu que Sandra fosse até sua pousada falar com um conhecido xamã[24] que atendia, esporadicamente, grupos para cura. Nessa fase, ela recebia em sua pousada pessoas de diferentes lugares para realizarem tratamentos espirituais e consultas com o xamã.

Cristina ligou para Sandra e disse que o único dia disponível para a consulta com o líder espiritual seria 12 de julho, dia do aniversário de Sandra. Sem saber se passaria o aniversário longe do pai, pois ele estava muito doente, Sandra pensou um pouco e resolveu ir e saber o que o xamã diria sobre o estado de saúde dele. No entanto, Cristina avisou que a pousada estava cheia e que ela teria de ficar hospedada em sua casa. Não vendo problemas, Sandra e duas amigas foram para Águas da Prata no dia combinado.

---

[24] Xamã é um sacerdote tradicional do xamanismo que possui contato com o mundo dos espíritos, demonstrando particular capacidade de profecia ou cura.

Assim que desceu do carro e conheceu Cristina pessoalmente, Sandra se apaixonou. Ela não entendeu o que estava acontecendo, mas o que sentiu foi imediato. Já Cristina ainda não demonstrava nenhum interesse por Sandra. "Muito fedelha", dizia ela.

Durante a noite, na casa de Cristina, as hóspedes a presentearam com uma garrafa de whisky e todas começaram a beber. Após muitos goles, Sandra e Cristina passaram a noite juntas. Quando acordou, bem cedo, Cristina olhou para o rosto de Sandra dormindo e se desesperou por ter dormido com alguém tão mais jovem. Já Sandra, ao acordar, ficou pensando se tinha feito o certo, pois, ao observar o casarão em que Cristina vivia sozinha, cheio de câmeras espalhadas por toda parte, chegou a pensar que ela pudesse ser alguma "louca da internet" e que já teria algum vídeo seu na rede.

Apesar da culpa de Cristina e do medo de Sandra, assim que Sandra foi embora, uma começou a sentir falta da outra.

Poucos meses depois de o xamã ter dito a Sandra, na pousada, que seu pai não resistiria à doença, ele faleceu. Foi uma fase difícil, pois, além da morte do pai, Sandra sentia saudade de Cristina, mas tinha receio do que ela realmente queria. Cristina, ainda acreditando que a diferença de idade seria um empecilho ao relacionamento, mantinha uma postura inconstante. Às vezes, dizia a Sandra que não queria mais nada com ela, mas na semana seguinte ia até São Carlos para vê-la.

Elas ficaram nessa indecisão por alguns meses, até que em fevereiro de 2004 superaram os receios, decidiram que ficariam juntas e começaram a namorar. Mas, mesmo apaixonadas, os primeiros anos de namoro foram conturbados. A diferença de idade e as experiências de vida diferentes atrapalharam no início. Cristina costumava até dizer aos amigos que, em vez de 25, Sandra tinha 30 anos.

Apesar de todos os receios, depois de sete anos de namoro, elas decidiram que formariam a tão sonhada, pelas duas, família com filhos. Ainda no início do relacionamento, Sandra disse a Cristina que uma das condições para ficarem juntas seria que tivessem filhos. Cristina, que compartilhava dessa vontade, decidiu apenas esperar que a relação estivesse estável o suficiente para assumirem esse compromisso.

Elas começaram a procurar clínicas em São Paulo onde pudessem ser atendidas por um médico ou médica que não fosse homofóbico. Na época, o medo de passar por alguma situação constrangedora fez com que elas fossem devagar. Depois de passar por algumas clínicas, optaram por uma em que o médico se mostrou tranquilo em realizar o tratamento em um casal homoafetivo. Mas após cinco tentativas de inseminação artificial, Sandra ainda não tinha ficado grávida. Toda vez que ela realizava o procedimento, Cristina e todos os amigos do casal ficavam na expectativa, mas, dias depois, ela descobria que não estava grávida. Como Sandra não se sentia bem na clínica em que estava e também pelos procedimentos não terem dado certo, elas decidiram mudar de consultório.

Inicialmente, elas temiam que, nessa nova clínica, que era bem conhecida, elas pudessem sofrer algum tipo de preconceito. Foram surpreendidas. Toda a equipe as tratou como aos demais pacientes, sem distinção. Nesse hospital, elas fizeram uma fertilização *in vitro* (FIV) com sêmen de doador anônimo de um banco internacional. Sandra e Cristina escolheram um material genético que tivesse as características físicas de Cristina, para que o filho fosse parecido, fisicamente, com as duas. Após o tratamento hormonal, Sandra produziu oito embriões saudáveis. Um par foi implantado e seis pares foram congelados, pois elas desejavam mais filhos posteriormente.

Após a FIV, Sandra engravidou de gêmeos. No entanto, após oito semanas de gestação, um dos bebês parou de se desenvolver. Ao descobrirem que seria apenas uma criança, resolveram fazer uma sexagem fetal[25] para descobrir o sexo do bebê, mesmo sendo uma gravidez de poucos meses.

Era um menino!

Ansiosas para a chegada do primeiro filho, Cristina e Sandra foram para os Estados Unidos comprar todo o enxoval. Animadas, decidiram comprar quase tudo de que o filho necessitaria. Entre tons de azul e verde, elas trouxeram seis malas só de compras. Quando chegaram a São Paulo, Sandra, com cinco meses de gestação, realizou uma ultrassonografia para verificar como estava o filho.

Durante o exame, a médica olhou para Sandra e perguntou se ela já tinha comprado o enxoval da criança. Com entusiasmo, ela contou que as duas tinham ido aos Estados Unidos e trazido seis malas! Sem

---

[25] Com uma pequena amostra do sangue da mãe, pode-se encontrar poucas quantidades de DNA do feto. A presença do cromossomo "Y" indica que é um menino, e a ausência dele, uma menina. No caso de gêmeos, se forem idênticos, univitelinos, o resultado é válido para os dois fetos. Em gêmeos fraternos, bivitelinos, o resultado "Y" significa que ao menos um dos gêmeos será menino. Se o resultado der ausência de cromossomo "Y", pode-se dizer que ambas são meninas (disponível em: <http://goo.gl/5A4yRP>. Acesso em: 14 fev. 2016).

jeito, a médica explicou para Sandra que, na verdade, seu bebê era uma menina. A profissional esclareceu que o erro na sexagem fetal ocorreu por causa do DNA do outro bebê, que não tinha se desenvolvido, mas cujo DNA ainda estava no sangue da mãe. Diante da informação, Sandra ficou andando horas pela clínica sem saber o que pensar, pois tinha acabado de perder o menino com quem estava sonhando há meses.

Assim que deixaram a clínica, Sandra pediu que Cristina parasse na primeira loja de bebê que encontrasse, pois ela queria comprar alguma coisa cor-de-rosa. Em casa, Sandra ainda passou horas chocada com a descoberta.

Aos nove meses, nasceu, de parto normal, Catarina. Um bebê tranquilo que, aos 20 dias, já dormia a noite inteira e que se tornou a atração da cidade. Como Águas da Prata é um município muito pequeno (pouco mais de 7 mil habitantes) e Cristina é conhecida na cidade, os moradores queriam saber como elas tinham conseguido ter uma filha e como a criança era, porque, até então, na cabeça deles, era uma menina feita em um laboratório. Uma pessoa até perguntou se podia "tocar" em Catarina para ver se era de verdade. Entretanto, apesar da curiosidade dos vizinhos, Cristina surpreendeu-se com a receptividade dos amigos e conhecidos com a criança. Sua família não fez distinção de Catarina e, a essa altura, como seu pai e sua mãe já haviam falecido, foram seus irmãos e sobrinhos que recepcionaram a nova integrante da família.

Já na família de Sandra, a sua composição familiar não é comentada diretamente. Mas, desde que começou a namorar Cristina, a mãe e o irmão sempre as visitaram. Para mãe de Sandra, a grande dificuldade era como apresentaria Cristina para sua família ampliada. Esse impasse terminou, entretanto, após o nascimento de Catarina e de Júlia, sobrinha de Sandra. Sua mãe decidiu que Cristina seria madrinha da neta e, assim, ela começou a apresentá-la, toda orgulhosa, como madrinha de Júlia. Cristina ganhou uma espécie de "cargo" na família da esposa. No entanto, apesar de não falarem abertamente sobre o relacionamento delas na família de Sandra, logo após o nascimento de Catarina, sua mãe perguntou se a fertilização havia mesmo sido feita com o óvulo de Sandra, pois a menina se parecia muito com a outra mãe.

Após a primeira fertilização, restaram seis embriões na clínica e elas decidiram ter outro filho logo. Como um dos pares de embriões, após o descongelamento, ficou inviável e Sandra fez duas fertilizações com os quatro que restaram, mas não engravidou. Desanimada, ela conversou com Cristina e disse que talvez não fosse para acontecer, que talvez elas não devessem ter mais filhos.

Mesmo assim, após duas tentativas frustradas e cansada de pagar um tratamento caro e doloroso, Sandra ligou para o médico e exigiu que ele a atendesse no dia seguinte; ela iria fazer uma inseminação e queria desconto. Cristina achou a atitude uma loucura, já que as chances de a esposa engravidar nesse tratamento eram praticamente nulas, pois Sandra possuía as trompas enoveladas,[26] o que dificultava a inseminação. Apesar das dificuldades, elas foram até São Paulo realizar o procedimento.

Logo depois, além de Sandra e Cristina descobrirem que, milagrosamente, a inseminação tinha dado certo e que teriam outro filho, também descobriram que, mais uma vez, seriam gêmeos. Marcada pela outra gravidez, Sandra nem se animou com a notícia, pois pensou que um dos bebês não se desenvolveria. Mas as duas crianças foram crescendo e ela foi se dando conta de que seriam mesmo dois bebês.

Quando estava com 17 semanas de gestação, Sandra começou a sentir contrações. Ela tomou medicamentos, mas com 24 semanas de gravidez foi internada e teve de realizar uma cerclagem do colo uterino.[27] Depois da cirurgia, por recomendações médicas, Sandra não podia ficar em pé, apenas deitada, sentada ou na piscina e assim teve de permanecer durante o resto da gestação dos gêmeos. Como era verão e Sandra passava grande parte do dia na piscina, ela ficou bastante bronzeada antes do nascimento dos filhos. Após 36 semanas, Heitor e Filipa nasceram de parto normal. A família estava completa.

★★★

---

[26] Trompas enoveladas ou enrodilhadas é um achado da histerosalpingografia (exame que serve para ver a cavidade uterina e a permeabilidade tubária). As trompas nesse exame costumam aparecer de forma retilínea, pois normalmente as trompas são livres e apresentam motilidade (movimento). Por trompas enoveladas, entendemos trompas cuja imagem na histerossalpingografia, apresenta-se tortuosa ou enredada e sem mudanças de posição. Isso sugere que essas trompas possam estar com aderências (grudadas), o que dificultará sua função de transporte de gametas (espermatozoide e óvulo) e do ovo (óvulo fecundado) (disponível em: <http://goo.gl/hgpavb>. Acesso em: 14 fev. 2016).

[27] Procedimento cirúrgico que consiste em "costurar" o colo do útero da gestante e é responsável por impedir o nascimento de enorme número de crianças prematuras. Ela deve ser realizada até 14ª semana de gravidez, principalmente em mulheres portadoras de insuficiência istmo-cervical (colo curto) e gestações gemelares (disponível em: <http://goo.gl/XJ5051>. Acesso em: 14 fev. 2016).

Filipa nasceu primeiro e foi direto para o berçário. Heitor nasceu em seguida, mas, como teve um desconforto respiratório, foi levado para a Unidade de Tratamento Intensivo (UTI), onde acabou sendo infectado por uma bactéria. Como a equipe médica não conseguiu encontrar a bactéria de forma rápida, o menino teve de continuar internado. Depois de alguns dias, Heitor foi liberado e o médico pediu que ele ficasse em observação e não recebesse visitas.

As mães seguiram as recomendações médicas, mas, quando os gêmeos estavam com dois meses, Catarina pegou o vírus da bronquiolite[28] e passou, inicialmente, para a irmã. Já Heitor pegou o vírus uma semana depois. Na época, Sandra e Cristina tinham duas enfermeiras que se revezavam e ajudavam nos cuidados com as crianças. Certa noite, Sandra estava muito cansada, pois tinha passado a semana cuidando de Catarina e Filipa, que estavam com febre devido à bronquiolite, e não acordou para dar de mamar durante a noite. A enfermeira foi quem deu mamadeira aos bebês.

Por volta das seis da manhã, a enfermeira entregou Heitor a Sandra e foi embora. Imediatamente, ela percebeu que o menino estava muito gelado e ficou angustiada. Chamou a esposa e disse que havia algo de errado com o filho. Cristina pediu que Sandra tirasse a roupinha de Heitor e o colocasse junto ao calor de seu corpo, mas o menino não esquentou e, aos poucos, foi ficando mole, até que parou de respirar de vez. Desesperada, Sandra começou a gritar que o menino estava morto, e Cristina, rapidamente, como já tinha feito inúmeros partos de cachorros e de outros animais da fazenda e tinha noções de primeiros-socorros, fez respiração boca a boca no filho e ele voltou.

Elas levaram Heitor para o hospital o mais rápido que puderam, mas, como na cidade não havia UTI pediátrica, ele precisaria ser transferido com urgência para São Paulo. Cristina e Sandra tentaram providenciar, através do plano de saúde, um helicóptero, mas não conseguiram. Aflitas e com o tempo passando, Cristina, que havia perdido sua carteira de motorista, foi de ambulância UTI até São Paulo com Heitor. Sandra foi de carro com as duas filhas e a auxiliar doméstica.

Em São Paulo, o médico alertou as mães de que o caso era grave, mas que tentariam de tudo para salvar a criança. Nesse momento, Sandra ligou

---

[28] A bronquiolite é uma doença que se caracteriza por uma inflamação nos bronquíolos e que, geralmente, é causada por uma infecção viral (disponível em: <http://goo.gl/2eNeet>. Acesso em: 14 fev. 2016).

para todos que elas conheciam e pediu orações pela saúde do filho. Heitor passou 12 dias internado na UTI. Nesse tempo, Sandra não viu o menino porque Cristina, receosa de que ele não se recuperasse, não permitiu.

Após esse período, o filho delas se recuperou. Sandra acredita que foram as orações que o salvaram, pois, durante a internação, o estado de saúde da criança só piorava. Depois de receber alta, Heitor passou um tempo sem receber visitas, mas se recuperou perfeitamente.

★★★

Na casa de Cristina e Sandra são duas mães e três filhos. Catarina, no entanto, após assistir a alguns episódios de um desenho em que a protagonista tem uma mamãe, um papai e um irmão, começou a chamar Cristina de "pai". Pacientemente, ela explicou à filha que até poderia ser o pai dela, mas que ela teria de chamá-la de "mama", pois a menina já chamava Sandra de "mamãe".

Sem entender, Catarina continuou chamando Cristina de "pai" ou "papai", inclusive quando ela ia buscá-la na escola. Quando as mães foram matricular a menina no colégio, elas explicaram a composição familiar delas e nunca tiveram problemas. Mas Cristina ficava com vergonha toda vez que Catarina a chamava de pai em público, porque, apesar de considerar que também tem a função de pai, preferia que a filha a chamasse de "mama". Após uma conversa séria com a criança na noite anterior, em que explicou que ela poderia ser o pai da menina, mas que ela deveria chamá-la de "mama", Catarina acordou chamando Cristina de "mamo". A partir de então, Cristina passou a ser a "mamo" de Catarina.

E ela chama a "mamo" a todo instante. Durante o dia que passei na casa delas, confesso que achei linda a forma que a menina usa para identificar uma das mães.

– Ô mamooo!

★★★

Apesar de não terem tido problemas na escola de Catarina, Sandra passou por uma situação constrangedora quando foi tirar o passaporte da filha. Como Catarina ainda estava com três meses e o processo de adoção unilateral não tinha sido finalizado, o seu registro só possuía o nome de Sandra.

Sandra seguiu as recomendações do site do Consulado, que informava que filhos de pais com visto não precisariam marcar entrevista. Como ela e Cristina já possuíam o documento, elas foram até lá. Cristina ficou do lado de fora, pois não permitiram sua entrada e Sandra foi com Catarina, ainda bebê, até a local onde não precisaria de entrevista. No entanto, uma das funcionárias, depois de verificar os documentos da criança, avisou a Sandra que ela precisaria fazer a entrevista, pois a menina não tinha pai. Inconformada, Sandra se alterou, enquanto os funcionários do Consulado explicavam que crianças sem pai não faziam parte do programa.

Um funcionário americano saiu de uma sala e explicou que o Consulado não sabia como lidar com a situação, pois nunca havia tido um caso semelhante, mas que ela deixasse os documentos e entrasse em contato com algum advogado. A advogada de Sandra e Cristina era a ex-desembargadora Maria Berenice Dias, conhecida por atuar em prol dos direitos dos LGBTI no Brasil. Ela enviou uma carta ao Consulado, explicando a composição daquela família homoafetiva. Após o recebimento da carta, o Consulado enviou um pedido oficial de desculpas e a menina conseguiu um visto de dez anos, sendo que o comum era de cinco.

Depois de um ano, quando foram renovar o passaporte de Catarina, a funcionária do órgão, meio sem jeito, perguntou qual das duas mães seria cadastrada na ficha no nome do pai, pois o sistema não permitia registrar duas mães. Dessa vez, elas não passaram por constrangimento por causa do despreparo dos profissionais. O sistema, porém, ainda não estava adaptado para famílias de dois pais ou duas mães.

★★★

Antes do nascimento de Catarina, Filipa e Heitor, Sandra e Cristina assumiram um compromisso de que, não importa o que aconteça no casamento, elas ficarão juntas enquanto as crianças precisarem. No dia 12 de julho de 2014 – aniversário de Sandra e também o dia em que elas se viram pela primeira vez –, Sandra e Cristina se casaram no civil. No caminho para o cartório, Sandra perguntou a Cristina se ela tinha certeza, pois não queria ser uma mulher divorciada. Cristina sorriu e perguntou à esposa:

– Como não ter certeza depois de onze anos e três filhos?

As folhas nas árvores

Certa vez, uma mulher, após beijar outra mulher pela primeira vez, chegou a uma conclusão:
— Foi como começar a usar óculos.
Intrigada, a outra perguntou o porquê da comparação.
— Quando era criança, eu tinha inúmeras dores de cabeça. Fui ao oftalmologista e ele explicou que eu precisaria usar óculos. Não entendi o motivo, pois, desde sempre, conseguia enxergar tudo. Coloquei os óculos e fui embora. No caminho para casa, ainda no carro, enxerguei algo diferente nas árvores. Gritei! Porque os borrões verdes que eu vi a vida inteira eram, na verdade, folhas nas árvores. Pude ver as folhas! E eu nem sabia que poderia sentir falta delas. Nem sabia que elas existiam... Me sinto com a mesma sensação do dia em que vi as folhas. Pela primeira vez, enxerguei algo que sempre esteve aqui.

(Adaptação de trecho de diálogo
da série *Grey's Anatomy*)

Agradecimentos

Eu gostaria de agradecer:

à Céres Santos, por me orientar na teoria e na prática, mas também por me fazer ter uma visão mais humanizada de tudo;

à minha família, em especial à minha mãe e à minha irmã Grace, por fazer este trabalho se tornar possível;

ao Phablo Freire, por me presentear com brilhantes e ternas aquarelas no decorrer desse percurso;

à Marília Serra, pela delicadeza, por escrever o prefácio e pela atenção que dedicou a este livro;

ao Filipe Durando, pelo entusiasmo e comprometimento com a obra;

às minhas amigas e aos meus amigos, que me apoiaram e me incentivaram durante essa caminhada;

às minhas professoras e aos meus professores, por acreditarem em mim e por me permitir escutá-los;

às 20 mulheres que me recepcionaram acolhedoramente, sem ao menos me conhecer;

às crianças iluminadas que conheci durante esse caminho.

Informações adicionais

Este livro trata de histórias de amor em suas mais variadas formas, no entanto, para a concretização da maioria dessas narrativas existiram pedras nos caminhos percorridos por essas mulheres. Por isso, esta seção pretende ajudar cada pessoa que deseja construir sua família homoafetiva, regularizar sua situação perante os órgãos públicos ou buscar qualquer tipo de ajuda sobre os mais diversos tipos de constituição familiar.

Casamento

Desde o dia 14 de maio de 2013 – Resolução n.º 175 do STF (Supremo Tribunal Federal) –, os cartórios do Brasil não podem se recusar a celebrar casamentos civis de pessoas do mesmo sexo ou converter em casamento a união estável homoafetiva. Basta ir até o cartório mais próximo e se informar sobre a documentação necessária, dia e hora para a realização do casamento.

Casamento coletivo

Alguns órgãos judiciários realizam cerimônias coletivas especificamente para casais homoafetivos. Porém, os casais homoafetivos podem participar de qualquer cerimônia de casamento coletivo organizada, mesmo que sejam o único casal de duas pessoas do mesmo sexo. Não há constrangimento.

Filhos

Existem diversas maneiras de um casal homoafetivo ter filhos, caso desejem. Podemos citar algumas delas:

Adoção – Em março de 2015, a ministra Cármen Lúcia manteve a decisão que autorizou um casal gay a adotar uma criança, considerando que a família homoafetiva é um núcleo familiar como qualquer outro. Assim, qualquer casal de pessoas do mesmo sexo ou pessoa solteira, mesmo que homossexual, pode habilitar-se à adoção, seguindo o mesmo processo das outras pessoas.

Adoção unilateral – Existem famílias em que o companheiro ou a companheira gostariam de também ser considerados, legalmente, pai ou mãe do filho de seu companheiro/a, apesar de a criança ou adolescente não ser seu filho biológico. Nesses casos, o interessado deve procurar a Justiça com um pedido de adoção unilateral, pleiteando que seu nome seja acrescentado ao do outro genitor em todos os documentos.

Reprodução assistida – Existem diversas técnicas de reprodução assistida, sendo a escolha, baseada no parecer médico, de cada casal/pessoa de qual será o procedimento adotado. Em 2013, o CFM (Conselho Federal de Medicina) deixou claro ser permitido o uso das técnicas de reprodução assistida para relacionamentos homoafetivos e pessoas solteiras. No entanto, reserva ao médico o respeito ao seu direito de objeção de consciência. Mais recentemente, em 2015, o CFM editou a Resolução 2.121/15, na qual autoriza a gestação compartilhada, quando uma mulher pode transferir para seu útero o embrião gerado a partir da fertilização de um óvulo da sua parceira. Existem alguns hospitais e organizações que oferecem descontos nos medicamentos e no procedimento de reprodução assistida, a depender da renda da família ou da possibilidade de doação de óvulos.

Registro de dupla filiação – O provimento nº 52/2016 CNJ (Conselho Nacional de Justiça) tornou mais simples o registro de crianças geradas por reprodução assistida, como a fertilização *in vitro* e a gestação por substituição, sendo possível constar dois nomes masculinos ou femininos, sem referências quanto ao gênero de cada um. O provimento estabelece que em caso de gestação por substituição ou doação voluntária de gametas, devem ser apresentados termos de consentimentos e autorização prévios, conforme o texto integral.[1]

---

[1] Disponível em: <http://goo.gl/SG8wZG>. Acesso em: 24 abr. 2016.

ONGs e associações

Baseados na proteção à família e no direito de cada indivíduo em assumir seu gênero ou sexualidade da forma que achar confortável e feliz, existem diversas organizações que disponibilizam apoio aos homossexuais, transexuais e às famílias homoafetivas.

ABRAFH – Associação Brasileira de Famílias Homoafetivas
Site: www.abrafh.org.br

ANTRA - Associação Nacional de Travestis e Transexuais
Cel.: (84) 8882-8734 / 8111-4848
E-mail: atrevidarn_2011@yahoo.com.br

GGB – Grupo Gay da Bahia
Tel.: (71) 3322-2552
Site: www.ggb.org.br

Grupo Dignidade
Tel.: (41) 3222-3999
Site: www.grupodignidade.org.br

Grupo Arco-Íris de cidadania LGBT
Tel.: (21) 2222-7286 / (21) 2215-0844
Site: www.arco-iris.org.br/noticias
E-mail: arco-iris@arco-iris.org.br

Movimento Gay de Minas
Tel. (31) 3215-1575
Site: www.mgm.org.br/portal

APOLGBT - Associação da Parada do Orgulho de Gays, Lésbicas, Bissexuais e Transgêneros de São Paulo
Site: www.paradasp.org.br

Sociedade Brasileira de Reprodução Humana
Site: www.sbrh.org.br

Grupos do Facebook

Existem inúmeros grupos no Facebook que visam compartilhar experiências e acolher as famílias homoafetivas ou quem deseja formar uma. Eles foram essenciais para a elaboração deste livro, possibilitando o acesso a famílias do Brasil inteiro. Há grupos públicos e privados, estes necessitam que o interessado se apresente e conte um pouco de sua história para que possa entrar e ter acesso ao conteúdo veiculado. Alguns deles são: ABRAFH – Associação Brasileira de famílias homoafetivas; Famílias Homoafetivas Cariocas; Famílias Diferentes – UAI; Família "diferente" sim!; Famílias Homoafetivas Recife; Família é Convívio e Amor; Grupo de Apoio a Adoção Famílias Contemporâneas; Grupo Entre Laços.

Este livro foi composto com tipografia Casablanca e impresso
em papel Off-White 70g/m² na Formato Artes Gráficas.